교과서 토론
4차 산업혁명

생각이 열리는

교과서 토론 - 4차 산업혁명

초판 1쇄	찍은 날 2021년 1월 20일
초판 1쇄	펴낸 날 2021년 1월 27일
지은이	이경윤
발행인	육혜원
발행처	이화북스
등 록	2017년 12월 26일(제2017-0000-75호)
주 소	서울특별시 마포구 월드컵북로 400 서울산업진흥원 5층 15호
전화	02-2691-3864
팩스	031-946-1225
전자우편	ewhabooks@naver.com
편집	박나리
디자인	책은우주다
마케팅	임동건
ISBN	979-11-90626-10-1 (04080)

이 도서는 한국출판문화산업진흥원의
'2020년 출판콘텐츠 창작 지원 사업'의 일환으로
국민체육진흥기금을 지원받아 제작되었습니다.

교과서 토론 시리즈 01

생각이 열리는

교과서 토론

이경윤 지음

4차 산업혁명

이화북스

유대인이 정치, 경제, 사회, 문화, 예술 등 전 세계 대부분의 분야에서 가장 큰 활약을 하는 이면에 그들만의 디베이트(토론) 교육이 한몫하고 있는 것은 이미 알려진 사실입니다. 우리는 시험공부를 할 때 주야장천 혼자 주입식으로 외우며 공부하지만, 유대인들은 시험공부도 두 명씩 디베이트 방식으로 한다고 합니다. 어떤 공부법이 더 효과적인지 EBS 다큐멘터리에서 실험해 본 적이 있는데 놀랍게도 시험공부 역시 디베이트 방식이 더 효과적이란 사실이 밝혀졌습니다.

토론식 구성으로 4차 산업혁명에 대해 써 보자 하는 아이디어는 바로 여기에서 힌트를 얻었습니다. 그냥 다른 책처럼 4차 산업혁명을 설명하기 위해 지식을 늘어놓을 수도 있지만, 4차 산업혁명이란 주제의 특성상 그 방식보다 토론 방식의 책이 더 효과적일 거란 생각을 하게 된 것입니다.

현재 4차 산업혁명은 정부에서도 기대를 걸고 추진하는 미래 기술입니다. 4차 산업혁명의 주요 기술이라 할 수 있는 인공지능, 자율주행차, 블록체인, 빅데이터, 사물인터넷 등의 기술이 우리 사회에 상용화되는 날이 온다면 그야말로 농업사회에서 산업사회로의 산업혁명이 일어난 것에 버금가는 사회적 변화가 일어날 것이 분명합니다. 집의 생활, 도로 위의 생활, 직장의 생활이 획기적으로 바뀔 것이기 때문입니다. 그래서 이것을 두고 4차 산업혁명이란 용어가 붙은 것입니다.

그러나 언제나 그랬듯 이런 일이 정말로 일어날지는 두고 봐야 할 것입니다. 왜냐하면 4차 산업혁명 기술이 허구에 불과할 것이라고 비판하는 세력도 만만치 않기 때문입니다. 그들은 4차 산업혁명의 기술적 한계를 들어 4차 산업혁명론자들이 과한 상상력으로 오히려 사회에 혼란을 주고 있다고 말합니다.

그런 면에서 4차 산업혁명은 국민적 대토론으로 해결해야 할 주제라고 볼 수 있습니다. 이 책에서는 4차 산업혁명 기술의 각 주제에 대한 찬반 내용을 살펴보고 관련된 토론을 제시하였습니다. 따라서 이 책을 읽는 동안 4차 산업혁명에 대한 각자의 생각이 정리될 것입니다. 이 책은 그저 토론의 안내자 역할을 할 뿐이며, 이 책을 읽은 후에 다른 사람들과 4차 산업혁명에 대한 토론을 펼쳐 보는 것이 좋을 듯합니다. 그만큼 4차 산업혁명은 우리의 미래와 진로를 위해 중요한 주제이기 때문입니다.

이경윤

차례

· 쟁점 1 ·

4차 산업혁명

— 4차 산업혁명은 과연 인간에게 이로울까

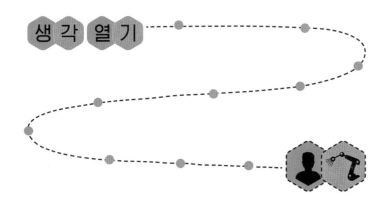

언제부턴가, 4차 산업혁명이란 말로 세상이 시끄럽습니다. 이제 4차 산업혁명이 다가오니 대비하라는 등, 이미 4차 산업혁명이 시작되었다는 등. 그 말이 모르는 사람에게는 약간 위협처럼 들리기도 합니다. 왜냐하면 4차 산업혁명이 다가오든 아니면 이미 와 있든 그것을 대비하지 않으면 위험해진다는 말로 들리기 때문입니다.

그렇다면 4차 산업혁명이란 도대체 무엇일까요? 교과서에서 산업혁명이란 말은 보았어도 그 앞에 1차, 2차, 3차를 붙여서 부르는 산업혁명은 생소합니다.

산업혁명이란 말은 프랑스의 학자들이 이전의 산업과 구분하기 위해 가장 먼저 사용했습니다. 이후 영국의 경제사학자 아널드 토인비[1]가 18~19세기 영국의 경제발전을 설명하는 과정에서 이 말을 사용하면서 누구나 산업혁명을 이야기하게 되었습니다.

아널드 토인비: 영국의 역사가. 역사철학을 확립한 저서 『역사의 연구A Study of History』 (12권. 1934~1961)는 문명의 순환적 발전과 쇠퇴에 대한 분석을 토대로 한 것으로 많은 논란을 불러일으켰다.

2차 산업혁명: 경제사학자들이 산업혁명의 두 번째 단계를 표현하기 위해 사용하는 용어이다. 일반적 연대는 1865년부터 1900년까지로 정의된다.

3차 산업혁명: 2012년 미국의 제러미 리프킨을 대표로 한 경제학자들이 인터넷 기술과 재생 에너지의 결합을 이야기하며 3차 산업혁명이란 용어를 사용하였다.

다보스 포럼: 정식 명칭은 세계경제포럼 연차총회이다. 약자로 WEF(World Economy Forum)라 부른다. 이는 1970년 유럽의 경제인들이 서로 안면을 익히고 우의를 다지기 위해 만든 비영리재단이다.

이후 인류의 산업은 그야말로 비약적으로 발전하게 됩니다. 새로운 에너지 자원인 석유의 발견, 전기, 컴퓨터, 스마트폰 등…….

사정이 여기에 이르자 이제 학자들은 산업혁명의 과정을 구분할 필요가 생겼습니다. 그래서 등장한 것이 1차, 2차, 3차 산업혁명입니다. 그리고 뒤이어 나온 것이 4차 산업혁명이고요.

1차 산업혁명이 증기기관의 발명에서 시작되었다면 2차 산업혁명[2]은 석유와 전기 에너지 개발 기술로 이루어졌다고 할 수 있습니다. 증기기관은 석탄을 동력원으로 하지만 석유와 전기 에너지 개발 기술이 발전하면서 인류의 산업은 혁명적으로 발전하게 됩니다. 그래서 이 시기를 구분하여 2차 산업혁명으로 부르게 된 것입니다.

이후 컴퓨터와 통신기술의 발명은 인류 생활의 질을 또 한 차례 바꿔 놓게 됩니다. 인터넷과 통신기술이 개발되면서 전 세계가 하나로 연결된 것입니다. 이 또한 혁명적 발전이라 여겨져 3차 산업혁명[3]으로 부르게 되었습니다.

그렇다면 4차 산업혁명이란 말은 무엇 때문에 나오게 되었을까요?

다음은 2016년에 열린 다보스 포럼[4]에서 제안된 1~4차 산업혁명의 구조도입니다. 즉, 증기기관 기반의 1차 산업혁명, 전기 에너지 기반의 2차 산업혁명, 컴퓨터와 인터넷 통신 기반의 3차 산업혁명과 더불어 이제는 지능정보기술이 가져올 4차 산

제1차 산업혁명 18세기

증기기관 기반의 기계화 혁명

제2차 산업혁명 19~20세기 초

전기 에너지 기반의 대량생산 혁명

제3차 산업혁명 20세기 후반

컴퓨터와 인터넷 기반의 지식정보 혁명

제4차 산업혁명 (제2차 정보혁명) 21세기 초반~

[지능정보기술]

지능 AI SW

정보 빅데이터 IoT 클라우드

▲ 다보스 포럼에서 제안된 1~4차 산업혁명 구조도

업혁명 시대가 다가오고 있거나 이미 다가왔다는 것입니다.

실제 우리는 스마트폰 비서앱[5]을 통하여 인공지능을 경험하고 있으며 SNS, 유튜브 등 과거에는 생각지도 못한 정보 서비스를 누리고 있기도 합니다. 4차 산업혁명 긍정론자들은 이런 지능정보기술이 인류의 삶을 획기적으로 바꿀 것이라 주장하고 있습니다. 그래서 또 하나의 '혁명'이란 용어를 넣어 4차 산업혁명으로 부르고 싶어 합니다.

하지만 그 반대의 의견도 만만치 않습니다. 지능정보기술이 그들이 생각하는 만큼의 기술로 발전하기 어려울 것이라는 의견입니다. 또한 4차 산업혁명이 오히려 우리의 직업을 빼앗아 가는 등 부정적 영향을 미칠 것이라 염려하기도 합니다. 과연 4차 산업혁명은 우리 삶의 질을 확 높일 수 있을까요, 아니면 미미하거나 부정적인 영향을 미칠까요?

비서앱: 인공지능 기술의 발달로 최근 음성이나 화상 인식을 통하여 정보를 제공하거나 통번역하는 앱들이 출시되고 있다. 이를 통틀어 비서앱이라 한다. 네이버 클로바, 시리, 구글번역 등이 있다.

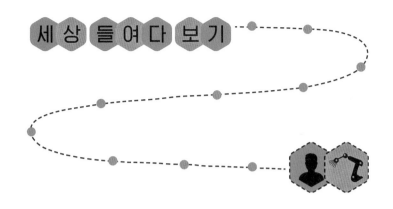

세 상 들 여 다 보 기

　시중에 4차 산업혁명이란 말이 난무하지만 4차 산업혁명이 무엇인지 물어보면 속 시원히 대답해 주는 사람이 드뭅니다. 누구는 이것이 4차 산업혁명이라 하고 누구는 저것이 4차 산업혁명이라 합니다. 4차 산업혁명이란 용어에 대한 설명도 제각각입니다. 각각으로 보면 그럴듯해 보이지만 서로 다른 것에 혼란이 옵니다. 왜 이런 현상이 생기는 걸까요?

　이는 4차 산업혁명에 대한 정의가 아직도 완전히 확정되지 않았기에 생기는 현상입니다. 예를 들어, 코끼리를 4차 산업혁명이라 했을 때 누구는 코만 이야기하고 누구는 귀만 이야기합니다. 또 누구는 다리만 이야기하고 누구는 꼬리만 이야기합니다. 각각은 4차 산업혁명의 각 부분을 이야기하고 있지만 코끼리라는 큰 그림은 이해하지 못했기에 완전히 설명할 수는 없습니다.

　지금 4차 산업혁명을 완전히 설명할 수 없는 까닭은 아직

코끼리를 완성하지 못했기 때문입니다. 즉, 코끼리를 완성해 나가는 단계이기에 누구도 4차 산업혁명을 쉽게 이해시킬 수 없는 것입니다.

그럼에도 4차 산업혁명을 좀 더 쉽게 이해하기 위해서는 4차 산업혁명이란 말이 나오게 된 계기를 추적해 보는 것이 좋을 것 같습니다.

2016년 세계경제포럼 회장인 클라우스 슈밥^{Klaus Schwab}이 『클라우스 슈밥의 제4차 산업혁명』이란 책을 내놓았습니다. 그는 그해 열린 다보스 포럼에서 세계 여러 지도자와 함께 최초로 4차 산업혁명을 언급하며 다음과 같은 주장을 펼쳤습니다.

▲ 클라우스 슈밥의 『클라우스 슈밥의 제4차 산업혁명』

"유비쿼터스,[6] 모바일 슈퍼컴퓨팅, 인공지능, 자율주행자동차,[7] 유전공학, 신경기술, 뇌과학 등 다양한 학문과 전문 영역이 서로 경계 없이 영향을 주고받으며 '파괴적(기존의 시스템을 붕괴시키고 새로운 시스템을 만들어 내는) 혁신'을 일으켜 새로운 기술과 플랫폼을 창출함으로써, 좁게는 개인의 일상생활부터 넓게는 세계 전반에 걸쳐 대변혁을 일으킬 것이다."

유비쿼터스: 모든 사물을 네트워크로 연결하여 시간과 장소에 관계없이 다양하게 이용할 수 있게 하는 기술로, 1988년 미국의 마크 와이저가 '유비쿼터스 컴퓨팅'이라는 용어를 사용하면서 처음으로 등장하였다.

이후 4차 산업혁명이라는 용어는 글로벌 용어가 되었고 우리나라에까지 들어왔습니다. 이 용어는 그야말로 폭발적인 반응을 일으켰고 이제 대중이 널리 사용하게 되었습니다.

자율주행자동차: 여러 가지 센서로 실외 환경을 인식하고, 장애물을 피하면서 원하는 목적지까지 스스로 경로를 파악하여 이동할 수 있는 자동차이다.

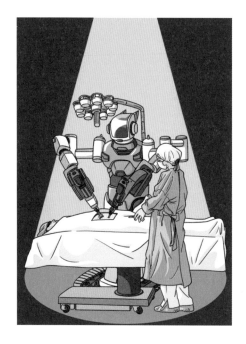

◀ 4차 산업혁명 긍정론자들은 심지어 인공지능 로봇이 의사, 변호사 일까지 대체할 것이라 주장한다.

　　하지만 반발도 만만치 않습니다. 4차 산업혁명 긍정론자들은 대개 4차 산업혁명이 우리 생활은 물론 직업까지 확 바꿔 놓을 것이기에 지금부터 준비하지 않으면 큰 낭패를 볼 것처럼 이야기합니다. 예를 들어, 인공지능 로봇이 등장한다면 지금 인간이 일하고 있는 많은 직업을 빼앗아 갈 것이 분명해 보입니다. 요리사 로봇이 나와 요리를 하는 식당이 생긴다면 이 로봇 때문에 요리사는 직장을 잃게 됩니다. 4차 산업혁명 긍정론자들은 심지어 인공지능 로봇이 의사, 변호사 일까지 대체할 것이라 주장하기도 합니다.

이에 반대하는 사람들도 만만치 않습니다. 그들은 4차 산업 혁명 긍정론자들이 주장하는 것만큼 4차 산업혁명이 당장 우리 생활을 바꿔 놓지는 못할 거라 여깁니다. 심지어 이미 4차 산업혁명이 시작되었다고 말하는 긍정론자들의 의견에 대해 아직 4차 산업혁명 시대는 오지 않았다며 반발하기도 합니다.

실제 우리는 이미 스마트폰을 통해 4차 산업혁명을 간접적으로 경험하고 있습니다. 4차 산업혁명을 일으킬 주요 기술은 인공지능, 사물인터넷[8] 등인데 이미 스마트폰 앱에서 이것들을 경험할 수 있기 때문입니다. 인공지능의 대표 앱인 '시리'[9]에게 말을 걸면 알아서 척척 답을 해 줍니다. 사람들은 이것을 처음 접할 때는 신기해하지만 일상생활에서 잘 사용하지는 않습니다. 왜냐하면 잘못 알아듣고 엉뚱한 답을 하는 경우도 종종 있기 때문입니다. 아직 인공지능 기술이 완전하지 않아 생기는 문제입니다. 이처럼 현재의 4차 산업혁명 기술들은 흉내는 내고 있지만 완전하지 않아 신뢰를 주지 못하고 있는 부분이 있습니다. 이에 부정론자들은 아직 4차 산업혁명을 이야기할 때가 아니라고 주장하는 상태입니다.

사물인터넷: 스마트폰, PC를 넘어 자동차, 냉장고, 세탁기, 시계 등 모든 사물이 인터넷에 연결되는 것을 사물인터넷(Internet of things)이라고 한다.

시리: Siri는 인공지능 기반 소프트웨어이며, 질문에 답변하고, 권고하며, 동작을 실행하는 기능을 가진다. 애플에서 제공한다.

4차 산업혁명에 대한 논의가 뜨겁다. 이미 수년 전부터 유비쿼터스 시대가 온다는 광고에 떠들썩했다. 유비쿼터스란 모든 사물을 네트워크로 연결하여 이용한다는 기술이다. 이후 스마트폰이 등장하면서 마치 유비쿼터스 시대가 현실로 구현될 것이란 분위기가 무르익었다. 이어 사물인터넷, 3D 프린팅, 인공지능 등의 기술이 개발되고 발전하면서 인류의 기대는 한껏 고무되었다. 이 기술들이 융합하여 지금과는 완전히 다른 세상이 펼쳐질 것이라는 상상이다!

이미 4차 산업혁명과 관련하여 대중 속으로 파고든 기술들도 존재한다. 3D 프린팅 기술로 자동차도 만들고 집도 짓는다. 또한 인공지능 기술로

▲ 인공지능 기술로 자율주행자동차가 개발되면서 현실에 이용되고 있다.

자율주행자동차가 개발되면서 현실에 이용되고 있다.

그러나 부작용도 만만치 않다. 자율주행자동차 사고가 종종 발생하고 있으며 인공지능 기술의 오작동으로 인한 여러 피해 사례도 생기고 있다. 이에 회의론자들은 완전한 4차 산업혁명의 기술은 어려우며 따라서 4차 산업혁명은 오지 않거나 오더라도 여러 부작용 때문에 도리어 인류에 위협이 될 것이라고 주장한다. 무엇보다 지금 말하는 4차 산업혁명 기술들이 우리 산업 생산성에 혁명을 일으킬 만한 영향을 주지 못한다는 점에서 4차 산업혁명이란 용어를 쓰는 것 자체에도 부정적이다.

급기야 4차 산업혁명에 대해 사회는 긍정론자들과 부정론자들로 나뉘게 되었으며 격한 논쟁이 오가면서 사회적으로도 시끄럽게 되었다. 이에 최고의 권위를 가진 공중파 KBC 방송의 '99분 토론'에서 긴급 편성 토론을 열게 되었다.

사회자 —— 최근 글로벌 이슈로 떠오른 4차 산업혁명이 우리나라에 들어오면서 큰 반향을 일으키고 있습니다. 하지만 4차 산업혁명에 대해 긍정론자들과 부정론자들로 나뉘면서 사회적 갈등의 원인이 되고 있기도 한데요. 이에 저희 99분 토론에서는 4차 산업혁명에 대해 긍정적 입장을 가지신 미래4차산업혁명연구소 신혁문 소장님과 부정적 입장을 가지신 한국대 인공지능융합학과 최고식 교수님을 모시고 토론을 진행하도록 하겠습니다. 먼저, 두 분의 입장을 들어 보도록 하겠습니다.

신혁문 —— 네, 최근 세계의 산업은 정체 상태에 있습니다. 그 이유는 모든 기술이 이미 한계 상황에 와 있기 때문입니다. 이러한 때 산업에 활력을 불어넣기 위해서는 새로운 기술의 등장이 필수적인데 그 중심에 4차 산업혁명 기술들이 있는 것입니다. 스마트폰이 등장하여 세계 경제가 활기를 띠었던 것처럼 AI, 사물인터넷 등과 같은 4차 산업혁명 기술들도 획기적으로 개발되면 정체된 산업을 발전시킬 뿐만 아니라 우리 삶의 질도 향상시켜 줄 것입니다. 4차 산업혁명은 미래 기술이기도 하지만 인공지능, 자율주행차, 3D 프린터, 블록체인 등 이미 우리 생활에 다가와 있기도 합니다. 이미 4차 산업혁명은 시작되고 있는 것입니다. 저는 이 4차 산업혁명 기술들이 앞으로 눈에 띄게 발전하여 우리 생활을 혁명적으로 바꿀 것이라 기대하고 있습니다.

최고식 —— 이전의 기술들이 포화 상태에 이르렀고 이에 최근 새로운 기술들이 등장하고 있는 부분에 대해서는 저도 신 소장님 의견에 동의합니다. 하지만 이러한 기술들을 두고 '산업혁명'이라는 용어를 붙이는 것에는 반대합니다. 과거 산업혁명이라 하면 신기술로 인하여 생산성이 급격히 성장되었을 때에만 붙였습니다. 1, 2차 산업혁명은 인류의 생산성을 급격히 성장시켜 인류의 문화를 농업 중심에서 공업 중심으로 바꿔 놓을 정도였죠. 하지만 최근 4차 산업혁명 기술의 경우, 우리 생활의 상당 부분을 바꾼 것은 사실이지만 그렇다고 혁명적 변화라 보기엔 무리가 있습니다. 그런 면에서 저는 4차 산업혁명이란 용어를 쓸 게 아니라 그냥 산업의 기술이 발전하는 수준에 있다고 하는 것이 더 정확하다고 봅니다. 덧붙여서 저는 지금 이야기하는 4차 산업혁명 기술들이 원하는 수준에까지 이를지, 또 인류에게 긍정적 영향을 미칠지에 대해서도 의문을 가지고 있습니다.

주제 1

4차 산업혁명 시대는 이미 왔거나 올 것인가, 아닌가

사회자 —— 두 분의 의견이 팽팽하군요. 신 소장님의 경우 이미 4차 산업혁명 시대가 와 있다고 하시는데 최 교수님의 경우 아예 4차 산업혁명이란 용어 자체가 잘못되었다고 보는 시각이군요. 그렇다면 먼저 '4차 산업혁명 시대는 이미 왔거나 앞으로 올 것인가? 아닌가?'에 대한 분명한 답부터 필요할 것 같다는 생각이 듭니다.

신혁문 —— 이미 글로벌 사회에서 4차 산업혁명 시대가 왔거나 올 것이라 이야기하고 있는데 그런 말씀을 하시니 조금 난감하네요. 생각해 보세요. 3D 프린터로 자동차를 만드는 것이 대중화된다면 지금 자동차의 제조 공정은 180도 바뀌게 됩니다. 지금처럼 복잡한 공정이 필요 없으므로 생산성이 크게 향상될 것입니다. 그리고 이미 인공지능이 적용된 수많은 기술이 우리 사회에 쓰이고 있어요. 만약 인공지능이 지금보다 더 발전된다면 우리 생활은 획기적으로 바뀌게 될 것이 확실해요. 사물인터넷 기술로 인해 내가 원하는 물건이 어디서 어떻게 작동되고 있는지 스마트폰 화면으로 볼 수 있는 날이 오는 거예요. 그런데 4차 산업혁명 시대가 오지 않았다느니 오지 않을 거란 주장은 좀 지나치다는 생각이 드네요.

최고식 —— 제 말은 현재 인공지능이니 사물인터넷이니 하는 기술들을 부정하는 것이 아니에요. 현재 단계에 4차 산업혁명이란 용어를 쓰는 것이 잘못됐다는 이야기를 하는 것입니다. 다시 한번 말하지만 '혁명'이란 획기적인 변화가 일어날 때 쓸 수 있는 용어입니다. 특히 산업혁명이란 용어는 산업 부문에서 생산성에 있어 획기적 성장이 일어날 때 쓸 수 있는 것이죠. 그런 점에서 저는 3차 산업혁명이란 용어에도 부정적입니다. 컴퓨터 중심의 3차 산업혁명이 등장했다지만 경제적으로 보면 1차 산업혁명이나 2차 산업혁명처럼 획기적인 성장이 일어나지 않았기 때문입니다. 오히려 인류의 경제성장은 최근 들어 점점 더뎌지고 있어요. 지금 4차 산업혁명 기술들이 나와도 마찬가지고요. 새로운 기술들이 등장하고 있지만 산업의 성장을 획기적으로 끌어올리지 못하고 있지요. 그래서 아직은 4차 산업혁명이란 용어를 써서는 안 된다는 이야기를 하는 것입니다.

신혁문 —— 지금은 기술이 나오는 초기 상태이니 당연하다고 봐야 하지 않을까요? 기술이 나와도 이게 모든 사람이 쓸 수 있게 대중화가 되어야 획기적 생산성의 성장으로 이어질 수 있는 법이죠. 따라서 저는 지금의 4차 산업혁명 기술들이 미래에는 획기적인 생산성의 향상으로 이어질 것이라 생각합니다.

최고식 —— 과연 그럴까요? 획기적인 생산성 향상을 위해서는 대중화가 필수라 하셨는데 저는 지금 나오는 4차 산업혁명 기술이라 말하는 것들이 대중화될지에 대해서도 의문이 있어요. 3D 프린터가 일부 산업현장에서 쓰이고는 있지만 대중화되지는 못하고 있어요. 자율주행자동차, 드론 등도 마찬가지고요. 물론 아직은 발전단계에 있어 그렇다고 주장하시겠지만 어떤 제품이 대중화되는 데는 단지 기술만으로 해결되지 않는 부분도 있어요. 경제, 사회적 환경도 작용되지요. 예를 들어, 화상전화의 경우, 지금 기술적으로는 화상전화를 쓸 수 있게 되었지만 대중화되지는 못하고 있죠. 그 이유는 사생활 침해라는 사회적 환경 때문입니다.

신혁문 —— 그렇게 생각할 수도 있겠지만, 인간의 일이란 게 앞날을 예측할 수 없는 것입니다. 스마트폰이 전 세계적으로 대중화될 줄 누가 알았겠습니까. 상상도 못했던 스마트폰이 대중화되었는데 이미 상상하고 있거나 현실에서 구현되고 있는 기술에 대해 부정적 생각을 가지는 것은 이해할 수 없습니다. 지금 인류의 산업기술은 한계에 부딪혀 있고 그래서 4차 산업혁명 기술에 대한 욕구가 극에 달해 있는 상황입니다. 물론 최 교수님이 말씀하시는 부정적 부분에 대해서는 저도 인정합니다. 하지만 저는 4차 산업혁명 기술들은 이전과는 다른 획기적 기술들이기에 그런 난관을 모두 극복하고 우리 경제와 사회에 혁명적 영향을 미칠 것이라고 생각합니다.

최고식 —— 신 소장님은 사회의 현장에서 일하시는 분이기에 그 입장은 이해합니다. 지금 전 세계 경제가 침체된 상황에서 4차 산업혁명 기술이 활성화되어야 분명 경제를 끌어올릴 수 있겠지요. 하지만 학자의 입장에서 저는 냉철히 판단할 수밖에 없습니다. 제가 계속해서 4차 산업혁명 기술에 대해 부정적 입장을 가지는 것은 기술적 문제도 포함됩니다. 4차 산업혁명 기술의 중심에 인공지능이 있습니다. 제 전공이 인공지능인데, AI가 이세돌 9단을 이겨 선풍적 반향을 일으켰지만 인공지능 기술은 아직 발전단계입니다. 저는 지금 이야기하는 4차 산업혁명 기술들이 대중화되기 위해서는 인공지능 기술이 인간 수준의 궤도에 올라와야 한다고 생각합니다. 그러나 인공지능 기술이 인간 단계까지 오르는 부분에 대해서는 과학계에서도 아직 회의적인 상태입니다. 이 부분에서 저는 한계에 부딪힐 수 있다고 생각합니다.

주제 2
4차 산업혁명 기술은 인류에 긍정적일까, 부정적일까

사회자 — 두 분의 주장이 한 치의 양보도 없이 치열하군요. 이쯤에서 주제를 바꿨으면 합니다. 최 교수님은 4차 산업혁명의 기술에 대해서도 부정적 입장을 가지고 계시다고 하셨는데요.

최고식 — 네, 사실 그렇습니다. 오늘날까지 인류의 과학기술은 좀 더 편리한 세상을 꿈꾸며 발전해 왔습니다. 하지만 그 과정에서 부정적 문제가 터진 게 한두 가지가 아니죠. 대표적인 게 환경오염입니다. 좀 더 철학적으로 접근하면 과학기술은 인간성 상실에도 한몫 했다고 할 수 있지요. 그런 차원에서 저는 4차 산업혁명의 몇몇 기술에 대해서도 우려하고 있어요. 대표적인 게 자율주행자동차입니다. 자동차의 발명은 분명 인류에게 대단한 편리를 안겨 줬지만, 반면 수많은 목숨을 앗아 가기도 했잖습니까. 마찬가지로 자율주행자동차 역시 더욱 편리해 보겠다는 생각에서 나온 기술이나, 분명 부작용이 많을 거라 예상됩니다. 제가 생각하기에 차라리 편리보다 '안전'에 더 중점을 둔 자동차 기술 개발에 신경을 썼다면 어떨까 싶습니다.

신혁문 —— 그렇게 생각할 수도 있겠지만 자율주행자동차의 경우 기술이 하루가 다르게 발전하고 있습니다. 따라서 지금 생기는 문제들은 분명 개선할 수 있을 거라 생각합니다. 이에 대해서는 분야별 토론에서 이야기하도록 하겠습니다. 그런데 현재 자동차의 경우 장애인들이나 노약자들이 운전하기에 어려운 부분들이 있습니다. 자율주행자동차는 이 부분을 개선해 줄 것입니다. 그 외 4차 산업혁명 기술들도 마찬가지입니다. 그동안 소외되었던 사람들도 이 기술들로 인해 혜택을 볼 수 있게 될 것입니다. 그런 면에서 4차 산업혁명 기술들은 인류의 평등 문제에도 기여할 수 있는 것이고요.

최고식 —— 4차 산업혁명 기술들이 인류의 평등 문제에 기여한다는 주장은 비약이 너무 심하네요. 제 생각엔 그 기술로 나온 제품들은 비쌀 게 분명하고 그러면 도리어 사회의 불평등을 일으킬 것 같습니다. 가진 자들은 누릴 수 있겠지만 못 가진 자들은 도리어 소외되죠.

신혁문 —— 그게 그렇지 않습니다. 처음엔 비싸겠지만 상용화되면 누구나 살 수 있을 정도의 가격으로 떨어질 거예요.

최고식 —— 하하, 과연 그럴까요. 지금도 좋은 차와 일반 차의 가격은 천지 차이인데……. 그건 그렇고 제가 또 우려하는 것은 지나친 편리

주의 기술 개발로 인해 직업이 없어지는 부분이에요. 이미 스마트폰 개발로 기존의 녹음기 회사, 카메라 회사들이 휘청거리고 있지 않습니까?

주제 3
4차 산업혁명 기술로 직업이 줄어들까

사회자 —— 최 교수님이 새로운 화두를 던졌으니 이제 마지막 주제를 다루도록 하겠습니다. 많은 사람이 4차 산업혁명 기술로 인해 미래에 직업이 줄어들 것을 걱정하고 있습니다. 이에 대해 두 분은 어떤 생각을 하고 계신지요. 최 교수님이 문제제기를 하셨으니 신 소장님이 답변해 주실까요?

신혁문 —— 저도 그런 우려에 대해서는 듣고 있어요. 하지만 그런 일은 일어나지 않을 거라 생각합니다. 그건 나무만 보고 숲을 보지 못해 생긴 현상입니다. 생각해 보세요. 과학기술이 개발되기 전 과거 모든 것을 수작업으로 할 때의 일자리 수와 과학기술이 고도로 발전한 지금의 일자리 수 중 어느 것이 더 많습니까? 늘어난 인구 수만큼 일자리 수도 늘어났잖아요. 실제 보스턴 컨설팅그룹은 4차 산업혁명으로 인해 2025년까지 독일에서 96만 개의 일자리가 새롭게 생기는 반면, 61만 개의 기존 일자리가 사라져, 35만 개의 일자리가 늘어날 것으로 예측했어요. 또 롤랜드 버거Roland Berger는 2035년까지 서유럽에 새롭게 생기는 일자리가 970만 개, 사라지는 일자리가

830만 개로 140만 개의 일자리가 늘어날 것으로 예측했고요. 하나의 기술이 개발되면 해당 분야의 일자리가 없어지는 것처럼 보이지만 새로운 기술과 관련된 또 다른 직업과 일자리가 생겨나 그 자리를 메우게 되는 것입니다.

최고식 ── 과연 그럴까요? 그 반대 조사도 많습니다. 2016년 다보스 세계경제포럼에서는 세계 주요 15개국에서 향후 5년간 716만 5천 개의 일자리가 사라지고, 202만 1천 개의 일자리가 새롭게 생겨 무려 514만 4천 개의 일자리가 감소할 것으로 예측했어요. 또 프레이와 오즈번은 4차 산업혁명으로 인해 미국의 노동시장에서 현존하는 일자리의 47%가 사라질 것이라 예측하기도 했고요. 이처럼 반대되는 조사가 나오는 이유는 사라질 일자리를 예측하는 것은 쉬우나 새롭게 생겨나는 일자리를 예측하는 것은 어렵기 때문입니다. 상식적으로 생각해 보면 우리의 일터 현장이 인공지능 기계로 자동화되면 그동안 수동으로 일하던 사람들의 일자리는 없어지는 게 당연합니다. 지금 공장들이 점점 자동화되면서 수많은 공장 노동자들이 일자리를 잃고 있는 것을 눈으로 보고 있잖아요. 더욱 우려되는 것은, 인공지능 기술 중심의 시대가 다가오면 공장뿐만 아니라 각종 사무실에서 수동으로 하던 일자리도 모두 로봇들이 대체하게 될 것이란 사실입니다. 지금까지는 주로 힘쓰는 직업들이 위협을 받았다면 앞으로는 머리 쓰는 직업까지 사라질 위기에 놓여 있다는 이야기입니다. 심지어 지금은 인공지능 로봇 작가가 글을 쓰고 있는 시대잖아요.

신혁문 ── 정말 최 교수님은 하나만 생각하고 둘은 생각하지 않는군요.

저는 기술의 개발은 곧 인류의 진화와 관련이 있다고 생각해요. 물론 기술이 개발되면 그 분야 일자리는 없어지겠지요. 하지만 기술과 관련된 더 고급의 일자리들이 만들어지는 거예요. 예를 들어, 3D 프린트 개발로 이와 관련된 기존의 일자리가 없어지겠지만 3D 프린트 개발이나 이용과 관련된 더 많은 고급 일자리들이 만들어지는 거지요.

최고식 ── 과연 3D 프린트 기술 개발로 없어지는 일자리가 많을지, 생겨나는 일자리가 많을지는 두고 봐야 알 거라 생각됩니다. 제 상식적 계산으로는 분명히 줄어들 것이라 생각됩니다만. 이미 계산대 없는 스마트마트, 공장의 자동화 공정으로 일자리를 잃는 사람들이 속출하고 있는 상태고요.

신혁문 ── 물론 4차 산업혁명 기술 개발로 일자리를 잃는 분들에 대해서는 저도 정부 차원의 대책이 있어야 한다고 생각합니다. 이에 대해 이미 일자리 나누기나 기본소득 등의 대안들이 나오고 있기도 하잖아요.

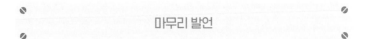

마무리 발언

사회자 ── 아쉽게도 시간이 거의 다 되었습니다. 두 분의 의견이 모두 타당하게 들리는데 어느 것이 정답일지는 여전히 미지수군요. 짧게 마무리 발언 부탁드립니다.

신혁문 ── 서로 격론을 벌였지만 오늘 최 교수님께 배운 점도 많았습니다. 자율주행자동차 부분에서 편리보다 안전에 중점을 두었으면 하는 부분은 저도 공감이 되었고요. 이 모든 것을 고려하여 앞으로 4차 산업혁명 기술이 본궤도에 올랐으면 하는 바람입니다.

최고식 — 저도 4차 산업혁명에 대해 그동안 부정적 생각이 강했었는데, 오늘 신 소장님을 통해 새로운 점을 배우기도 했습니다. 4차 산업혁명으로 인한 일자리 수에 있어 무조건 줄어들지는 좀 더 공부해 봐야겠다는 생각을 했습니다. 감사합니다.

사회자 — 오늘 4차 산업혁명에 관한 토론을 끝까지 지켜봐 주셔서 감사합니다. 앞으로 4차 산업혁명의 각 개별적 기술에 관한 토론도 진행될 예정이오니 관심 가져 주시기 바라며 오늘 토론 마치도록 하겠습니다.

와트가 증기기관을 만들었을까

▲ 제임스 와트 1736~1819년

우리는 교과서에서 제임스 와트가 주전자 물이 끓을 때 뚜껑이 들썩이는 것을 보고 증기기관을 만들었다고 배워 왔습니다. 하지만 역사를 한 꺼풀 들춰 보면 사실과 다른 내용들이 많습니다.

제임스 와트가 증기기관을 만들었다고 알려진 때가 1763년부터 1775년 사이입니다. 하지만 이것은 최초의 증기기관은 아니며 이전에도 증기기관은 있었다고 합니다.

와트 이전에 영국의 세이버리는 증기기관 특허까지 획득했고, 토머스 뉴커멘은 1712년 증기기관을 만들어 탄광에서 지하수를 퍼 올리는 데 사용했습니다.

그런데 왜 제임스 와트가 증기기관을 최초로 발명했다고 알려졌을까요? 그것은 이전의 증기기관들은 실제 생활에 사용하기에는 문제가 있었기 때문입니다. 하지만 와트가 발명해 낸 증기기관은 실제 공장과 생활에도 이용할 수 있는 개량된 증기기관이었습니다. 덕분에 증기기관 하면 와트를 떠올리게 된 것이죠.

한편, 와트가 물 주전자의 뚜껑이 움직이는 것을 보고 증기기관을 만들었다는 부분도 정확하지 않다고 합니다. 왜냐하면 와트 이전에 증기기관을 발명했던 뉴커멘도 똑같은 일화가 알려져 있기 때문입니다.

마무리
하기

4차 산업혁명은
과연 인간에게 이로울까

1. 다음 4차 산업혁명에 관한 토론 내용을 보고, 각 주장에 관한 근거를 정리해 적어 보세요.

4차 산업혁명은 과연 인간에게 이로울까?

	긍정적이다	부정적이다
4차 산업혁명 시대는 이미 왔거나 올 것인가, 아닌가?	4차 산업혁명 시대는 이미 와 있 거나 온다. 근거 :	4차 산업혁명 시대란 말 자체가 무리이다. 근거 :
4차 산업혁명 기술은 인류에 긍정적일까, 부정적일까?	4차 산업혁명 기술은 긍정적이다. 근거 :	4차 산업혁명 기술은 부정적이다. 근거 :
4차 산업혁명 기술로 직업이 줄어들까?	4차 산업혁명 기술로 직업은 줄어 들지 않는다. 근거 :	4차 산업혁명 기술로 직업은 줄어 든다. 근거 :

2. 4차 산업혁명에 관한 본인의 입장을 적어 보세요.

◆ 생각 더하기 214쪽을 참고하세요!

▲ **핀투리키오**(1454~1513년), 〈**페넬로페와 구혼자들**〉, **1509년.** 그리스신화 오디세우스의 한 장면을 묘사한 그림으로, 트로이 전쟁 영웅 오디세우스의 아내 페넬로페가 가내 수공업으로 천을 짜는 모습이다. 이 그림을 통해 4차 산업혁명 기술의 의미를 되새겨 보는 것도 좋을 것이다.

· 쟁점 2 ·

인공지능

― 인공지능은 인간을 뛰어넘을까

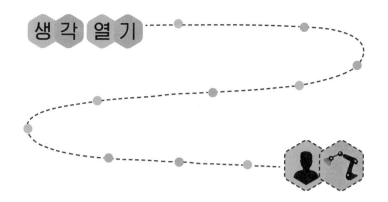

2016년 3월 9일! TV 앞에 하나둘 모여든 사람들의 눈은 온통 세기의 대결에 쏠려 있었습니다. 바로 딥마인드 챌린지 매치Google Deepmind Challenge match라 불렸던 알파고 대 이세돌의 대결!

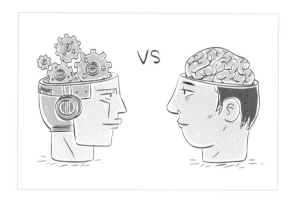

▲ 과연 현재의 인공지능은 인간을 뛰어넘는 수준에 와 있는 것일까?

잘 모르는 사람들은 알파고를 무슨 고등학교 이름이라 오해하겠지만, 알파고는 인공지능계의 최강자인 바둑 프로그램 이름이고 이세돌은 인간 바둑계의 최강자였습니다. 즉, 인간과 인공지능의 대결이라는 점에서 이 매치는 뭇사람들의 관심을 끌기에 충분했습니다.

최종 결과는 놀랍게도 4승 1패 알파고의 압승으로 끝났습니다. 이 결과를 두고 사람들은 인공지능의 위력에 대해 새삼

▲ 인공지능은 영어로 Artificial(인공) Intelligence(지능)라 하여 AI로 부르기도 한다.

실감하며 두려움에 떨었습니다. 혹 인공지능이 인간을 뛰어넘어 인간을 지배하는 세상이 오지 않을까 하는 걱정 때문이었습니다.

사람들은 그래도 인간이 1승을 거두었다는 점에 위안을 삼았습니다. 한 번이라도 인공지능을 이겼다는 것은 아직까지 인공지능이 인간의 지능을 뛰어넘지 못하는 부분이 있음을 알려 주는 신호라 생각한 것이지요.

과연 현재의 인공지능은 인간을 뛰어넘는 수준에 와 있는 것일까요, 아니면 아직은 시기상조이며 그런 시대는 오지 않을 수도 있는 것일까요?

사실, 이 주제는 4차 산업혁명 시대에 가장 큰 화두 중 하나입니다. 이 흥미진진한 대결의 결과를 예측하기 위하여 먼저 인공지능이란 무엇인지부터 아는 것이 순서일 것입니다.

인공지능은 영어로 Artificial(인공) Intelligence(지능)라 하여 AI로 부르기도 합니다. '인공'이란 사람의 힘으로 가공해 낸 것을 뜻하므로 인공지능은 사람의 힘으로 가공한 지능을 기계나 장치에 주입하여 작동시키는 것을 뜻합니다. 그래서 인공지능

▲ 체스 게임 용도로 IBM이 만든 컴퓨터인 딥 블루(좌)와 최초의 범용 컴퓨터인 에니악(우, 1946년)

© wikipedia

을 Machine(기계) Intelligence(지능)라 부르기도 합니다.

최초로 기계에 지능이 주입된 것은 1946년에 개발된 컴퓨터 '에니악ENIAC'[1]부터라 할 수 있습니다. 컴퓨터는 결국 지능과 관련된 기계이므로 컴퓨터 연구와 함께 인공지능의 연구도 시작된 것입니다.

1950년에는 체스 게임과 관련된 최초의 인공지능 연구가 발표되었습니다. 이와 관련하여 46년 후인 1996년 미국 IBM에서는 인공지능 체스 머신인 '딥 블루'를 개발하였고 당시 체스 챔피언인 가리 카스파로프와 흥미로운 대결을 펼치기도 했습니다. 오늘날 알파고가 이세돌 9단을 이긴 것처럼 당시에도 딥 블루가 가리 카스파로프를 이겨 세상을 놀라게 했습니다.

에니악: 전자식 숫자 적분 및 계산기(Electronic Numerical Integrator And Computer: ENIAC, 에니악)는 1943년에서 3년에 걸쳐서 1946년 2월 14일에 펜실베이니아 대학교의 모클리와 에커트가 제작한 전자 컴퓨터이다.

초기 인공지능 기술은 주로 게임 프로그램과 수학 프로그램에 적용되어 조금씩 개발되고 있었습니다. 하지만 급속히 진행되던 컴퓨터의 발달에 비해 인공지능의 발전은 더뎠습니다. 단지 게임을 진행하고 수학 문제를 푸는 것 이상의 기술 개발이 이뤄지지 않았던 것입니다.

이러한 인공지능 개발에 박차를 가하게 된 것은 1990년대 머신러닝Machine Learning이라는 신개념 기술이 등장한 후부터였습니다. 이전까지 인공지능은 단지 인간이 기계에 주입해 놓은 것 이상을 해내지 못하는 상태였습니다. 하지만 머신러닝은 인간이 주입해 놓은 지식을 바탕으로 기계가 인간처럼 스스로 학습하는 기능을 갖는 것을 말합니다. 앞에서 인공지능 체스 머신인 '딥 블루'가 체스 챔피언인 가리 카스파로프를 이길 수 있었던 데는 이 비밀이 숨어 있었던 것이죠.

이후 인공지능 기술 개발은 활기를 띠게 되었고 최근 4차 산업혁명과 함께 가장 주목받는 분야로 떠올랐습니다. 왜냐하면 4차 산업혁명의 주류가 되는 자율주행차, 사물인터넷, 스마트 헬스, 스마트 물류 등의 중심에 인공지능이 있기 때문입니다. 이 모든 기술이 현실화되기 위해서는 그에 상당하는 수준의 인공지능 기술이 필수입니다. 과연 인공지능 기술은 인간들이 생각하는 수준까지 발전할 수 있을까요?

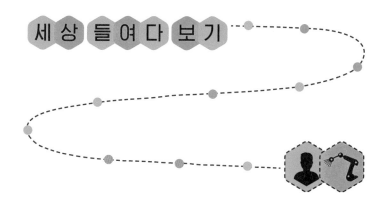

세 상 들 여 다 보 기

　인공지능의 개념을 잘 모르는 사람들은 알파고가 이세돌 9단을 이긴 것을 보고 막연히 고도의 인공지능을 가진 로봇이 인간을 지배하는 세상이 오지 않을까 걱정하는 경우가 많습니다.

　하지만 현재 기준으로 인공지능 기술의 발달이 어디까지 와 있는지 이해한다면 막연한 걱정에서 좀 더 자유로울 수 있을 것입니다.

　전문가들은 인공지능 기술을 크게 강 인공지능Strong AI과 약 인공지능Weak AI으로 나눕니다. 강 인공지능이란 고도의 인공지능이라 생각하기 쉽지만 인공지능이 인간 수준의 자의식[2]을 가지고 생각하고 감정을 느끼며 사고하는 것을 말합니다. 예를 들어, 인간은 자신의 지식수준이 높다고 느꼈을 때 교만을 느낄 수 있고 나쁜 마음을 먹을 수도 있습니다. 강 인공지능도 기존의 지능에 더하여 인간과 같은 이런 세세한 감정과 생각의

자의식: 타인과 구별되는 자기에 대한 의식을 말한다.

기능까지 갖는 지능을 말합니다.

이러한 강 인공지능은 인간 수준과 같다고 하여 인간형 인공지능과 인간 수준을 뛰어넘는 비인간형 인공지능으로 나누기도 합니다.

아마도 궁금한 것은 과연 현재 이 강 인공지능 기술이 개발되었느냐 하는 부분일 것입니다. 다행스럽다고 말해야 할지, 안타깝다고 말해야 할지, 현재 인류는 강 인공지능 기술까지는 도달해 있지 못한 상태입니다. 인공지능 부정론자들은 이 때문에 인공지능이 인간의 수준을 뛰어넘어 반역을 일으키는 그런 미래 세상은 오지 않을 거라 안심하고 있습니다. 하지만 인공지능 긍정론자들은 인간의 한계가 어디까지 갈지 모르기에 언젠가는 강 인공지능이 개발될 날이 올 거라 믿고 있습니다.

약 인공지능은 인공지능의 기술 수준이 약하다는 뜻이 아니라 인간과 같은 자아를 가지지 못한 인공지능을 뜻합니다. 인간처럼 생각과 감정을 가지지 못하지만 지능의 수준은 매우 뛰어납니다. 인간은 계산기 없이 스스로 계산하는 능력에 한계가 있지만 약 인공지능의 계산 수준은 인간의 생각을 뛰어넘을 정도입니다. 앞에서 이야기한 알파고가 대표적인 약 인공지능입니다. 즉, 약 인공지능 기술은 특정한 분야에 적용하여 이용되고 있습니다.

IBM에서 개발한 '왓슨'[3]이라는 약 인공지능이 있는데 이것은 우리가 어떤 방식으로 질문하더라도 그것을 이해하고 해석

왓슨 : 자연어 형식으로 된 질문들에 답할 수 있는 인공지능 컴퓨터 시스템이며, IBM 최초의 회장 토머스 J. 왓슨에서 이름을 땄다.

하여 백과사전보다 더 정확히 그 답을 알려 주는 능력을 갖고 있습니다. 최근에는 의료 분야에서 의사를 대신해 환자를 진단하는 데 이용될 뿐 아니라 금융, 법률, 교통 등 다양한 분야에도 이용되고 있습니다. 특히 4차 산업혁명의 중심이 될 사물인터넷에도 연구·활용되고 있습니다.

▲ 인공지능 왓슨의 등장으로 로봇이 의사를 대신하는 시대를 예고하고 있다.

약 인공지능의 발달은 요리 로봇, 청소 로봇 등 다양한 분야에서 인간을 대신하는 로봇의 발달을 가져오기도 했습니다. 하지만 강 인공지능이 아직 발달하지 않았기에 인간처럼 생각하고 행동하는 로봇은 아직 등장하지 않고 있습니다.

한편, 강 인공지능 기술에 접근하지 못했다 하여 인간과 같은 인공지능의 출현이 불가능할 거란 생각은 섣부를 수 있습니다. 왜냐하면 인공지능 기술 중 머신러닝 기술에 더하여 딥러닝이란 기술이 개발되었기 때문입니다.

딥러닝Deep Learning이란 용어의 뜻 그대로 머신러닝보다 더 깊이 있게 인공지능이 스스로 학습하는 기능을 뜻합니다. 머신러닝과 딥러닝은 다음과 같은 차이가 있습니다.

머신러닝은 먼저 인간이 분류해 준 데이터가 있어야 그것

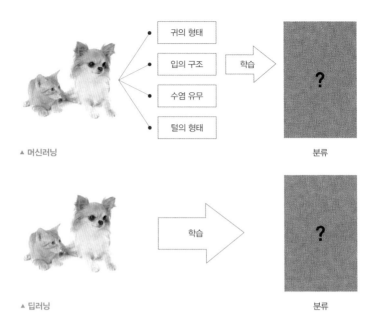

▲ 머신러닝

귀의 형태

입의 구조

수염 유무

털의 형태

학습

?

분류

학습

?

▲ 딥러닝

분류

을 바탕으로 학습하여 비로소 새 데이터를 만들어 낼 수 있습니다.

하지만 딥러닝은 이런 분류 자체를 인공지능 스스로 해내며 새로운 데이터를 만들어 낼 수 있습니다. 딥러닝에서 이런 지능이 가능한 이유는 인공신경망 기술을 이용하기 때문입니다. 인공신경망이란 마치 복잡하게 얽혀 있는 인간 뇌의 신경망처럼 복잡하게 연결되어 있는 구조를 통하여 스스로 학습하는 능력을 말합니다. 딥러닝은 바로 이런 인공신경망 기술을 이용하기에 인간의 도움 없이도 스스로의 학습을 통한 지적 진화가 가능합니다. 따라서 이 딥러닝 기술의 개발 여하에 따라

인간이 꿈꾸는 강 인공지능이 개발될 날이 올지도 모르는 상태
에 있는 것입니다.

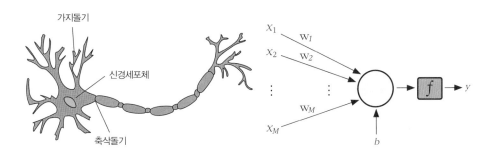

▲ 인간의 신경망(좌)과 인공신경망의 구조(우)

인공지능은 인간을 뛰어넘을까

4차 산업혁명 시대를 맞이하여 인공지능에 대한 관심이 다시 수면 위로 떠올랐다. 이미 수십 년 전부터 로봇이 인간을 지배하는 영화나 만화가 그려지곤 했었지만 한동안 인공지능 기술 침체로 그것은 한낱 꿈으로 치부되고 있었다. 하지만 스마트폰의 등장과 함께 본격적인 스마트 시대에 돌입하면서 다시 인공지능 기술이 뜨겁게 논의되고 있다! 스마트 시대가 꿈꾸는 스마트워크, 스마트라이프를 이루기 위해 꼭 필요한 기술이 인공지능 기술이기 때문이다. 무엇보다 4차 산업혁명의 핵심 기술 분야인 사물인터넷, 3D 프린터, 자율주행자동차, 빅데이터 등이 우리가 꿈꾸는 수준까지 도달하기 위해 인공지능 기술은 핵심으로 보인다. 각 기술에 장착될 인공지능의 수준에 따라 이 기술들이 상용화될지 상용화되지 않을지 결정되기 때문이다.

이에 인공지능 긍정론자들은 지금의 발전 속도라면 분명 머지않아 인간의 사고능력까지 장착한 인공지능 기술이 탄생하여 스마트 시대는 물론 4차 산업혁명을 이끌어 갈 것이라 생각한다. 나아가 그들은 인공지능이 인간을 뛰어넘는 시대로 갈 수도 있다는 생각까지 열어 두고 있다.

하지만 인공지능 부정론자들은 인공지능이 지금보다 발달 하기는 하겠지만 결국 인간의 사고능력 수준까지 이르는 것은 불가능하다고 생각한다. 그 증거로 인공지능 기술 중 강 인공 지능 기술에는 아직 개념조차 접근하지 못한 것을 든다. 과연 인공지능은 인간을 뛰어넘을 수 있을까, 뛰어넘을 수 없을까? 이 문제를 알아보기 위해 최고의 권위를 가진 공중파 KBC 방 송의 '99분 토론'에서 긴급 편성 토론을 열게 되었다.

사회자 — 2016년 알파고와 이세돌 9단의 대결로 화두가 된 인공지능 이 다시 논쟁거리로 떠오르고 있습니다. 2019년에는 알파고를 넘어 섰다는 바둑 AI 한돌과 이세돌 9단의 대결로 다시 인공지능이 관심 을 불러일으켰는데 결국 2승 1패 한돌의 승리로 끝나고 말았죠. 이 로 인해 인공지능이 인간을 뛰어넘는 시대가 올 거다, 아니다에 대 한 논쟁이 더욱 뜨거워졌습니다. 이에 저희 99분 토론에서는 인공 지능에 대해 긍정적 입장을 가지신 미래인공지능연구소 이인재 소 장님과 부정적 입장을 가지신 한국대 뇌신경과학과 박신경 교수님 을 모시고 토론을 진행하도록 하겠습니다. 먼저, 두 분의 입장을 들 어 보도록 하겠습니다.

이인재 — 네, 현재 인공지능 기술이 아직 인간의 의식 수준에 도달하지 못한 점은 먼저 인정하고 시작하겠습니다. 하지만 인류의 기술 역

싱귤래리티: 인공지능이 계
속 성장하다가 어느 한 지점
에서 갑자기 인류의 지능을
초월하는 지점(특이점)이 오는
데 이 지점을 싱귤래리티라
고 한다.

사를 돌이켜보면 항상 싱귤래리티^{singularity(특이점)}⁴가 존재했다는 점을 지적하지 않을 수 없습니다. 뉴턴이 만유인력을 발견하고 아인슈타인이 상대성이론을 발견할지 아무도 몰랐습니다. 하지만 그들에게는 특이점이 존재했고 결국 과학에 위대한 업적을 남기게 된 것입니다. 마찬가지로 인공지능 역시 지금은 지지부진해 보여도 언젠가 특이점을 맞이할 것이고 그때 인간에 가까운 인공지능이 개발될 것이 확실합니다. 현 시대 최고 물리학자라 일컫는 스티븐 호킹 박사는 "인공지능이 100년 안에 인류를 넘는다"고 예견했습니다. 미래학자인 레이 커즈와일은 2005년 출간한 저서『특이점이 온다^{The singularity is near}』에서 2045년경 인간보다 뛰어난 기계가 출현하는 특이점에 도달할 것이라 주장했으며, 손정의 소프트뱅크 회장도 "인공지능^{AI}이 인간지능을 넘어서는 '싱귤래리티'가 다가오고 있다"고 강조한 바 있습니다. 이처럼 인공지능이 인간을 뛰어넘는 시대는 곧 오리라 예상하고 있습니다.

박신경 —— 저 역시 과학적 관점에서 볼 때 인공지능이 인간 수준에 도달하는 특이점이 올 것이라는 생각은 얼마든지 할 수 있다고 생각합니다. 하지만 조금이라도 인간의 뇌 구조를 이해한다면 이것은 도저히 불가능하다는 결론에 이를 수밖에 없습니다. 만약 인공지능이 인간 수준에 도달하려면 결국 인간의 뇌 구조와 비슷한 인공신경망이 개발되어야 할 것입니다. 하지만 인간의 뇌에는 적어도 1천억 개의 뉴런^{neuron}이라는 신경세포가 있고 이 뉴런 1개는 다른 10만 개의 뉴런과 연결되어 있습니다. 즉, 인간의 뇌를 이루는 뉴런 사이에 1천조 개의 접합부위가 있는 셈입니다. 과연 인간이 이런 수준의 인공신경망을 만들어 낼 수 있을까요? 혹 훗날 과학기술이 더욱 고도로 발전하여 만들어 낸다 하더라도 문제는 끝나지 않습니다. 이러한 시냅스 연결은 계속해서 강화되고 약화되며 형성되고 사라집니다. 이것은 또 어떻게 할 것이며 더 큰 문제는 신경과학자들조차도 아직 이러한 뇌신경 구조가 어떻게 인간의 사고나 자의식과 연결되는지 전혀 이해하지 못하고 있다는 사실입니다. 이런 상황인데 인공지능이 인간 지능을 따라온다고요? 저는 그런 일은 절대 일어나지 않을 것이라 생각하고 있습니다.

주제 1
강 인공지능은 개발될 수 있는가, 아닌가

사회자 — 예상했던 대로 두 분의 의견이 상반됩니다. 제 생각에 박 교수님의 말씀은 인간의 신경망과 비교하는 구체적 예를 들어 쉽게 이해할 수 있었는데 이 소장님의 경우 막연히 '특이점'이 올 거라 주장하시니 이해가 쉽지 않습니다. 부연 설명을 해 주시면 좋을 것 같습니다.

이인재 — 인간 수준의 인공지능이 불가능하다는 이야기를 하는 사람들이 주로 언급하는 것이 강 인공지능과 약 인공지능의 구분이에요. 그러면서 강 인공지능 기술에는 절대 도달할 수 없다는 논리를 폅니다. 하지만 저는 이 논리에 모순이 있다고 생각합니다. 왜냐하면 강 인공지능의 정의란 것이 마치 완전한 하나의 인간 지능을 설정해 놨기 때문입니다. 하지만 인간 중에 완전한 인간은 없지요. 감정에 강한 인간이 있는가 하면 지식에 강한 인간이 있습니다. 수학을 잘하는 인간이 있는가 하면 국어를 잘하는 인간이 있습니다. 이 모든 게 합하여 인간 지능이 완성되는 것입니다. 인공지능도 마찬가지입니다. 지금은 수식 위주이지만 앞으로 감정, 생각, 사고 등의 인공지능이 더해진다면 이 모든 것이 합해져 인간 지능에 충분히 도달할 수 있다고 봅니다. 그리고 앞에서 인간 뉴런의 1천조 개의 연결망을 이야기하셨는데 알파고에서 바둑판의 경우의 수가 얼만지 아십니까? 무려 10의 170승으로 우주의 원자보다도 많은 수입니다. 인공지능은 이미 이 수식적인 문제는 해결하고 있는 상태인 것입니다.

박신경 —— 좋아요. 수식적인 문제는 해결했다 칩시다. 하지만 제가 듣기에 이 소장님의 주장은 여전히 논리적 한계가 있다고 보입니다. 예를 들어, 감정의 문제입니다. 알파고가 이세돌 9단을 이겼을 때 과연 인간과 같은 감정을 느꼈을까요? 게임을 하는 과정에서 오는 그 섬세한 감정을 느꼈을까요? 그렇지 않습니다. 알파고는 그저 기계적 작동을 한 것뿐입니다. 이 소장님은 아직은 아니지만 언젠가 감정, 생각, 사고 등의 인공지능이 만들어질 거라 이야기하셨는데 이 역시 어떤 기술적 과정으로 만들어질 거라 설명하지 못하고 결국 특이점에 기대는 말씀을 하셨습니다. 저는 인공지능 과학을 이야기하면서 특이점을 주장하는 사람들을 보면 이해가 되지 않습니다. 이 것은 과학을 하면서 갑자기 종교를 들이대는 것과 무엇이 다릅니까. 막연히 언젠가 그런 날이 올 것이다? 이것은 전혀 과학적이지 않은 주장이라고 생각합니다.

이인재 ─ 박 교수님은 지금 인간의 감정이 아주 복잡한 것처럼 이야기하시는데 사실 인간의 감정조차 결국 기쁠 때 기쁘고 슬플 때 슬프듯이 어떤 규칙에 의해 나타납니다. 마찬가지로 인간의 사고 역시 깊이 파고들면 어떤 규칙에 도달할 수 있다고 생각합니다. 이를 이용하여 얼마든지 인공지능을 만들 수 있다고 생각하고요. 그리고 특이점에 기대는 것을 마치 종교적 신념에 비유하셨는데 그것은 과학을 모독하는 발언입니다. 특이점이라는 것은 어느 날 운 좋게 나오는 것이 아닙니다. 그것은 마치 100℃에서 물이 끓는 것처럼 99℃까지 온도를 올리는 과정이 있어야 등장하는 것입니다. 그런 점에서 인간처럼 감정이 작동되는 인공지능 역시 가까이 와 있다고 생각합니다. 이미 감정을 자연스럽게 표현하는 로봇이 개발되어 있습니다. 디즈니 연구소와 미국 가톨릭 대학, 카네기 멜론 대학 연구진이 공동 개발한 로봇 '지미'가 있고, 한국과학기술연구원KIST이 개발하여 '로보월드2011' 개막식에서 선보인 휴머노이드 로봇 '키보'가 있지 않습니까. 무엇보다 현재 인공지능에는 딥러닝 기술이 적용되기에 우리가 상상할 수 없는 지능이 등장할지도 모를 순간에 와 있는 것입니다.

박신경 ─ 제가 보기에 현재 나와 있는 감정 로봇은 거의 유아적 수준의 감정 표현밖에 못한다고 봅니다. 키보 이야기를 하셨는데 키보는 카메라와 초음파 센서 등을 이용하여 상대를 인식하고 그에 따

쟁점 ❷ 인공지능 ─ 인공지능은 인간을 뛰어넘을까

라 사람처럼 울거나 웃고 찡그리는 등의 얼굴 표정을 짓는 정도의 수준입니다. 인간처럼 정말 감정을 가지고 반응하는 것이 아닌 것이죠. 또 다른 문제를 제기하면 인간의 구성요소 중 깊은 이성적, 영적인 부분에 대한 지능입니다. 인간의 이성적, 영적인 부분은 뇌과학의 영역을 뛰어넘는 부분이기도 합니다. 제가 생각하기에 인공지능이 모든 관문을 다 통과하더라도 이 부분만은 뛰어넘을 수 없다고 생각합니다. 로봇에 대해 이야기하자면 정신적 부분을 떠나 인간의 미세한 움직임을 따라 할 수 있는 로봇조차 아직 나오지 않은 상황 아닙니까. 로봇이 인간을 지배한다는 이야기가 나온 게 수십 년 전인데 아직까지 인간처럼 부드럽게 움직일 수 있는 로봇조차 나오지 않은 상태라면 좀 절망적이라는 생각이 듭니다. 현대 과학은 인간의 복잡한 신경구조가 어떻게 인간의 움직임에 관여하는지 아직도 이해하지 못하고 있는 상태인 것입니다.

사회자 —— 제가 보기에 이렇게 가면 두 분의 토론이 끝없이 이어질 것 같습니다. 두 분의 말씀이 각각 일리가 있다고 보입니다. 그런데 실질적 문제로 들어가 보면 인공지능이 인간을 뛰어넘을까 하는 문제보다 인간에게 어떤 영향을 미칠까가 더 중요할 것 같습니다. 그래서 주제를 바꿔 볼까 합니다.

인공지능이 인간에게 긍정적 영향을 미칠까, 아닐까

사회자 —— 얼마 전 한 식당에서 인공지능 로봇이 음식을 서빙하고, 식기를 치우고, 커피 타는 것을 본 적이 있는데 그야말로 인간이 하는 일을 로봇이 대신하고 있는 것을 보면서 일자리 걱정이 되었습니다. 과연 인공지능의 발달이 인간에게 부정적 영향을 줄까요, 아니면 긍정적 영향을 줄까요? 이번에도 이 소장님부터 말씀해 주십시오.

이인재 —— 네, 저는 인공지능이 당연히 인간에게 긍정적 영향을 미친다고 생각합니다. 에릭슨 컨슈머랩_{Ericsson ConsumerLab}은 미래를 전망하는 연간 트렌드 보고서인 「2017 핫 소비자 트렌드 10」에서 인터넷 사용자의 35%가 직장 내에서 인공지능의 조언을 받기를 원한다는 결과를 발표했습니다. 또 세계적 컨설팅 업체인 맥킨지_{Mckinsey}도 보고서를 통해 2025년 글로벌 인공지능 시장은 6,000조 원으로 늘어날 것으로 예측했습니다. 이 정도로 인공지능의 긍정적 활용은 높게 점쳐지고 있습니다. 구글과 네이버에서는 한층 진화된 인공지능 번역기를 내놓아 편리를 더해 주었고, SK텔레콤도 T맵에 인공지능 기반 딥러닝 방식의 음성인식 스피커 '누구_{NUGU}'를 적용해 운전의 편리를 더해 주고 있습니다. 무엇보다 스마트폰의 비서앱들 역시 인공지능이 적용된 대표적 예들이라 할 수 있습니다. 이처럼 인공지능은 우리 생활 전반에서 긍정적 도움을 주고 있는 상황입니다.

박신경 —— 흠, 무엇이든지 긍정적 효과가 있으면 반드시 부정적 영향도 뒤따르기 마련입니다. 「2017 핫 소비자 트렌드 10」을 인용하셨는데 아이러니하게도 인공지능의 조언을 받기를 원한다는 답을 했던 응답자의 거의 절반가량이 또한 머지않아 인공지능 로봇 때문에 대규모의 실업을 초래할 것이라 답했습니다. 생각해 보세요. 물론 구글 번역기로 도움을 받지만 이 때문에 일자리를 잃은 사람도 생깁니다. 바로 번역가, 통역가들입니다. 사실 인간의 일자리 부분에 침투한 인공지능의 영역은 매우 광범위합니다. 앞에서 사회자님도 이야기했던 식당은 물론이고 병원, 은행, 공장, 심지어 회사의 사무 업무까지 드나들어 일자리를 위협하고 있습니다. 과학자들의 예측에 의하면 2024년 실시간 통역, 2027년 무인트럭, 2031년 영업사원 대체 로봇, 2053년 의사 로봇이 등장한다고 하니 인공지능의 일자리 침투는 가속화될 전망 아닙니까. 이에 불안에 떠는 사람들이 점점 늘어 가고 있는 상황입니다.

이인재 —— 물론 인공지능의 발달로 직업을 잃은 분들이 있다는 것을 부정하지는 않습니다. 하지만 우리가 현상을 파악할 때 부분적 손실만 보고 판단해서는 안 된다고 생각합니다. 전체적으로 봐서 이익이 있다면 그쪽으로 가는 게 맞는 것이지요. 저는 인공지능의 발달이 분명 더 큰 이익을 창출해 낸다고 생각합니다. 몇 년 전 미래창조과학부가 2016년부터 매년 150억 원씩 총 750억 원을 국산 인공지능 개발에 투자한다는 계획을 발표한 일이 있는데 왜 그랬을까요? 그것은 연구팀에서 인공지능이 고용 형태, 교육 방식, 의료, 제조업 등 사회 각 분야에 미칠 영향을 연구한 끝에 긍정적 결과를 얻었기 때문입니다. 즉, 인공지능 발달이 우리에게 미치는 영향은 플러스인 것입니다.

박신경 — 역대로 인간의 연구와 예측은 결과대로 움직이지 않은 적이 더 많습니다. 저는 인공지능이 그렇게 될 가능성이 높다고 생각합니다. 왜냐하면 공장에서, 회사에서, 가정에서 사람이 하던 일들을 인공지능을 장착한 기계가 대신할 가능성이 커지고 있기 때문입니다. 무엇보다 인공지능이 등장하는 이유가 문제입니다. 결국 좀 더 편리해 보고자 하는 인간의 욕심이 인공지능을 만든 셈인데 과연 편리해지는 것이 인간의 행복과 연결될지는 두고 볼 일입니다. 인류는 역사상 가장 편리한 시대를 살고 있는데 과거보다 행복하다고 하는 사람은 그렇게 많지 않은 게 현실 아닙니까.

이인재 — 제 생각은 좀 다릅니다. 인공지능이 인간의 편리를 위한 측면도 있지만 일의 효율을 위한 측면이 더 크다고 생각합니다. 예를 들어, 똑같은 은행 업무를 하는 로봇이 있다고 했을 때 인간과 비교해 일의 효율은 당연히 로봇이 높을 수밖에 없습니다. 그리고 행복 이야기를 하셨는데 만약 인공지능을 사용하여 일의 효율과 편리를 얻으면 그만큼 에너지가 남게 됩니다. 이를 여가나 더 의미 있는 곳에 쓰면 보다 행복해지지 않을까요? 행복은 워낙 주관적인 문제라 사람마다 생각이 다를 수밖에 없다고 보입니다.

박신경 — 인공지능이 편리뿐 아니라 일의 효율 때문에 생겨난 측면은 인정합니다. 하지만 그 효율 때문에 인간이 일자리를 내주어야 하는 부분도 있음을 이야기하는 것입니다. 결국 인공지능의 발달이 상위층에게는 보다 양질의 일자리를 갖게 해 주고 생산성을 더 높여 줄지 몰라도 중하위층을 궁지로 몰아넣는 비극을 초래할 수도 있다는 사실을 인지해야 합니다.

주제3
인공지능의 미래에 대해 어떻게 대처해야 할까

사회자 —— 이 부분 역시 결론을 내기란 쉽지 않을 듯합니다. 좀 더 과학적 증명이 필요하다는 생각입니다. 그런 점에서 마지막 주제를 다루도록 하겠습니다. 그렇다면 우리는 인공지능의 미래에 대해 어떻게 대처해야 할까요? 이번에는 박 교수님이 먼저 말씀해 주실까요?

박신경 —— 한국고용정보원이 인공지능 로봇과 관련하여 위험한 직업군과 위험도가 낮은 직업군을 발표한 일이 있습니다. 「기술 변화에 따른 일자리 영향 연구」 보고서에 이 직업들이 나타나 있는데 한국고용정보원은 이 자료에서 2025년까지 전체 취업자 2,560만 명의 70%가 넘는 1,800만 명가량이 고용에 위협을 받는다고 분석했습니다. 이것은 매우 위협적인 수치라 하지 않을 수 없습니다. 위험한 직업들을 잘 분석해 보면 대부분 단순 기술과 관련된 직업들이 많습니다. 현재 청소 관련 직업에 종사하시는 분들이 많은데 한국고용정보원의 분석에 의하면 2025년이면 거의 100% 인공지능 기계로 대체된다고 보고 있는 것입니다. 반대로 인공지능에 대해 덜 위협적인 직업군을 살펴보면 대체로 고급 기술 직업군들임을 알 수 있습니다. 하지만 이것은 가까운 2025년 기준이기 때문에 인공지능 기술이 더 발전한다면 이 직업들조차 안심할 수 없으며 여기 기록되지 않은 직업군까지 피해를 입을 수도 있다고 우려됩니다. 따라서 가장 먼저는 다가오는 인공지능 미래에 대비하여 자신의 직업을 재설계하는 것이 중요하다고 생각됩니다.

인공지능/로봇으로 대체 가능한 직업

순위	대체 비율 높은 직업	대체 비율	대체 비율 낮은 직업	대체 비율
1	청소원	1	회계사	0.221
2	주방보조원	1	항공기조종사	0.239
3	매표원/복권 판매원	0.963	투자/신용 분석가	0.253
4	낙농업 관련 종사원	0.945	자산운용가	0.287
5	주차 관리원/안내원	0.944	변호사	0.295
6	건설/광업 단순 종사원	0.943	증권/외환 딜러	0.302
7	금속가공기계 조작원	0.943	변리사	0.302
8	청원경찰	0.928	컴퓨터하드웨어 기술자	0.323
9	경량 철골공	0.920	기업 고위 임원	0.324
10	주유원	0.908	컴퓨터 시스템/보안 전문가	0.338

*대체 비율이 높은 직업일수록 인공지능/로봇으로 대체될 가능성이 높다는 의미임.

자료: 고용정보원.

이인재 ── 박 교수님이 잘 분석하신 것 같습니다. 하지만 우리가 인공지능으로 인해 없어지는 직업만 바라보고 있으면 막연히 불안할 수밖에 없을 것 같습니다. 그런데 우리 사회라는 것이 암이 있으면 명도 있게 마련입니다. 인공지능으로 인해 없어지는 직업이 있으면 반드시 새로 생겨나는 직업도 있는 것입니다. 한국고용정보원 자료를 분석해 보면 2012년 한국직업사전에 수록된 직업 수가 총 9천 298개로 『2003 한국직업사전(통합본 3판)』에 소개된 직업 수 7천 980개보다 1천 318개 늘어난 것으로 나와 있습니다. 이것은 무엇을 의미할까요? 기술이 발달하고 사회가 진화할수록 없어지는 직업보다 새로 생겨나는 직업이 더 많음을 뜻합니다. 따라서 인공지능으로 인해 막연히 직업이 없어질 거란 개인적 불안은 이해되지만 새로 생겨나는 직업이 더 많은 만큼 거기에 초점을 맞추는 것이 인공지능 미래에 보다 현명하게 대처하는 방법이라고 생각합니다.

마무리 발언

사회자 — 좋은 의견 감사합니다. 아쉽게도 시간이 거의 다 되었네요. 제가 보기에 결국 두 분 의견이 인공지능의 대처 부분에 와서 나름 간격이 좁혀진다는 느낌이 들어 유익한 시간이었다 생각합니다. 짧게 마무리 발언 부탁드립니다.

이인재 — 네, 다시 한번 말씀드리지만 인공지능의 미래는 아주 밝다고 생각합니다. 물론 박 교수님 말씀처럼 인간 뇌의 복잡한 구조에 따라가려면 여전히 갈 길이 멀다는 사실은 잘 알고 있습니다. 하지만 이를 대하는 우리의 마음 자세가 중요하다고 보입니다. 현 기술에 대한 긍정적 태도가 특이점을 이겨 내는 미래의 역사를 이뤄 낼 수 있을 거라 생각합니다.

박신경 ── 제가 주장했던 것이 인간 수준이나 그 이상의 인공지능 기술 개발이 불가능하다는 이야기를 한 것임을 알아 주셨으면 합니다. 인간에 가까운 인공지능 기술은 분명 눈앞에 다가오고 있는 게 사실입니다. 따라서 인공지능 기술은 인간에게 매우 위협적입니다. 인공지능 긍정론자들이나 부정론자들이 서로 논쟁하기보다 다가오는 인공지능의 미래에 대해 어떻게 대처할 것인가 하는 부분에 초점을 맞춰 나가는 사회 분위기가 되었으면 하는 바람을 가져 봅니다.

사회자 ── 두 분의 열띤 토론 감사드리고요. 오늘 끝까지 인공지능에 관한 토론 지켜봐 주셔서 감사합니다. 다음 시간에는 최근 핫한 자율 주행차에 관한 토론이 진행될 예정이오니 많은 관심 가져 주시기 바라며 오늘 토론 마치도록 하겠습니다.

미래의 인공지능 로봇을 그리는 영화들

▲ 터미네이터

인공지능 로봇이 인류를 지배하는 세상을 상상했던 것은 주로 만화와 영화에서 시작되었습니다. 사람들은 그런 만화나 영화를 보면서 혹시 인공지능이 인류를 지배하는 세상이 오지 않을까, 막연한 두려움을 가졌던 것입니다.

여기, 인공지능 로봇이 등장하는 영화 몇 편을 소개합니다.

가장 먼저 떠오르는 영화는 〈터미네이터〉 시리즈입니다. 무려 6편까지 나오며 아놀드 슈왈제네거를 세계적 스타 반열에 올려놓았던 영화입니다. 영화에는 주인공 인공지능 로봇이 악당 인공지능 로봇을 물리치는 장면이 나옵니다. 물론 터미네이터는 인간과 거의 같은 모습과 지능을 갖추고 있는 것으로 등장합니다.

▲ 매트릭스

다음으로 〈매트릭스〉가 있습니다. 이 영화는 인공지능이 인간을 지배하는 세상을 제대로 묘사했다 할 수 있습니다. 서기 2199년, 인공지능 AI에 의해 인류가 재배되는 장면이 그려지고 있으니까요.

▲ 바이센테니얼맨

마지막으로, 1999년에 개봉된 〈바이센테니얼맨〉이라는 영화가 있는데 집사 로봇이 주인의 도움으로 자유와 재산을 얻고 점점 인간에 가까워지는 내용을 그렸습니다. 인공지능 로봇에 감정이 주입됨으로써 마치 인간인 것처럼 느껴지게 하는 감동이 있는 영화입니다.

1. 다음 인공지능에 관한 토론 내용을 보고, 각 주장에 관한 근거를 정리해 적어 보세요.

인공지능은 인간을 뛰어넘을까?

	긍정적이다	부정적이다
강 인공지능은 개발될 수 있는가, 아닌가?	특이점을 넘어 개발되는 시대가 온다. 근거 :	복잡한 뇌 구조를 따라가는 것은 무리이다. 근거 :
인공지능이 인간에게 긍정적 영향을 미칠까, 아닐까?	인공지능은 긍정적인 영향을 미칠 것이다. 근거 :	인공지능은 부정적인 영향을 미칠 것이다. 근거 :
인공지능의 미래에 대해 어떻게 대처해야 할까?	인공지능으로 없어질 직업에 대처해야 한다. 근거 :	인공지능으로 새로 생겨날 직업이 더 많다. 근거 :

2. 인공지능에 관한 본인의 입장을 적어 보세요.

◆ 생각 더하기 215쪽을 참고하세요!

▲ J M W 터너(1775~1851년), 〈전함 테메레르〉, 1838년. 돛을 내린 거대한 범선이 작고 검은 증기선에 이끌려 가는 모습이 마치 인간이 인공지능에 끌려가는 모습을 연상시킨다. 영국 낭만주의 풍경화가 J M W 터너가 그린 이 작품은 기계 문명에 지배당할 인간의 미래를 상상하여 화폭에 담은 듯하다. 지는 태양이 마치 인공지능에 의해 지는 인간의 모습을 상징하는 것처럼 보인다.

· 쟁점 3 ·
자율주행차
— 100% 자율주행이 가능할까

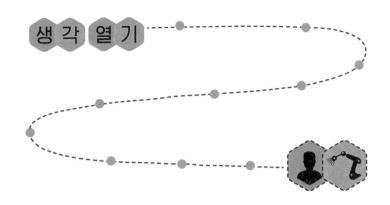

생 각 열 기

언제부턴가, 자율주행차라는 것이 우리 주변에 훅 등장했습니다. 세상에, 이제 자동차 운전도 사람이 하는 게 아니라 인공지능이 한다는 것입니다.

이 말을 처음 듣는 사람들은 당장 자율주행자동차가 안전할까 하는 걱정이 앞설 것입니다. 당연한 것이 자동차 운전은 바로 인간의 생명과 직결되는 문제이기 때문입니다.

▲ 언제부턴가 자율주행차라는 것이 우리 주변에 훅 등장했다.

이와 관련하여 자율주행차의 안전 문제로 논쟁이 뜨겁습니다. 자율주행차 찬성론자들은 이미 자율주행차 기술이 거의 상용화 단계에 들어설 정도로 안전하고, 이는 침체된 자동차 산업에 활기를 불어넣을 것이라 주장합니다. 하지만 반대론자들은 아직 인공지능 기술에 한계가 있는데 워낙 변수가 많은 자동차 운전을 인공지능에게 100% 맡긴다는 것은 매우 위험한 행위가 될 수 있다고 지적합니다. 과연 누구의 말이 맞을까요?

과학기술 앞에서 막연한 두려움은 금물입니다. 우선 과학기술 수준이 어디까지 와 있는지 이야기를 살펴보고 그 기술에 대해 판단하는 것이 순서입니다. 따라서 자율주행자동차에 대해서도 일단 자율주행자동차가 무엇인지 알아보고 판단하는 것이 중요합니다.

자율주행차self-driving car란 운전자 없이 스스로 주행하는 자동차를 말합니다. 현 단계에서 자율주행차 기술은 100% 인간의 조작 없이 자동차 스스로 움직이는 수준을 추구하고 있습니다.

이러한 자율주행차가 최근 이슈가 되고 있지만, 사실 그 시작은 제법 오래전으로 거슬러 올라갑니다.

1956년, 쉐보레가 파이어버드IIFirebird II를 선보였는데 이 차에 자율주행 기술이 탑재돼 있었습니다. 즉, 트랙에 그려진 주행 라인을 인식하여 움직이는 기술이었습니다. 하지만 이 기술이 상용화되기 위해서는 오랜 시간이 필요했습니다.

이후 자율주행차 기술은 조금씩 발전단계를 밟아 왔습니다. 미국자동차기술회Society of Automotive Engineers, SAE에서 구분하는 자율주행차 기술 레벨의 6단계는 다음과 같습니다.

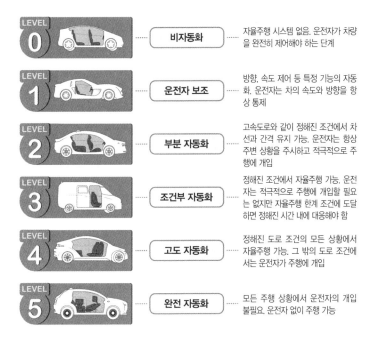

LEVEL 0	비자동화	자율주행 시스템 없음. 운전자가 차량을 완전히 제어해야 하는 단계
LEVEL 1	운전자 보조	방향, 속도 제어 등 특정 기능의 자동화. 운전자는 차의 속도와 방향을 항상 통제
LEVEL 2	부분 자동화	고속도로와 같이 정해진 조건에서 차선과 간격 유지 가능. 운전자는 항상 주변 상황을 주시하고 적극적으로 주행에 개입
LEVEL 3	조건부 자동화	정해진 조건에서 자율주행 가능. 운전자는 적극적으로 주행에 개입할 필요는 없지만 자율주행 한계 조건에 도달하면 정해진 시간 내에 대응해야 함
LEVEL 4	고도 자동화	정해진 도로 조건의 모든 상황에서 자율주행 가능. 그 밖의 도로 조건에서는 운전자가 주행에 개입
LEVEL 5	완전 자동화	모든 주행 상황에서 운전자의 개입 불필요. 운전자 없이 주행 가능

　자율주행차의 첫 번째 단계인 운전자 보조 단계는 자동차 스스로 속도와 방향을 제어하는 것으로 이때 운전자는 항시 주의를 기울여야 했습니다.

　두 번째 단계는 부분 자동화로 이는 고속도로와 같이 정해진 조건에서 가능했습니다. 물론 이때도 운전자는 항시 주의를 기울여야 했습니다.

　세 번째 단계는 조건부 자동화로 역시 정해진 조건에서 가능했는데, 단 운전자는 한계 조건에서만 주의를 기울이면 되었습니다.

네 번째 단계는 고도 자동화로 정해진 조건에서 모든 자율 주행이 가능한 상태입니다. 하지만 정해진 조건을 벗어날 때는 운전자가 운전에 개입해야 합니다.

　다섯 번째 단계는 완전 자동화로 모든 상황에서 운전자의 개입 없이 주행이 가능한 상태를 말합니다.

　현재 자율주행차 기술은 네 번째 단계와 다섯 번째 단계 사이에 있다고 할 수 있습니다. 하지만 아직 두세 번째 단계에 있다고 생각하는 사람들도 있습니다. 이 사실을 인식하고 자율주행차의 찬반에 대한 논의가 시작되어야 할 것입니다.

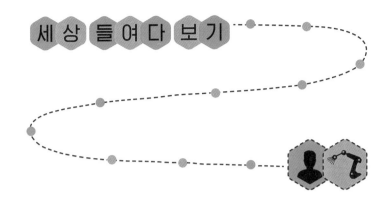
세상들여다보기

2018년 세상을 놀라게 할 만한 뉴스가 터졌습니다. 경기도가 차세대융합기술연구원에 의뢰해 3년간 연구 끝에 개발한 국내 최초의 운전자 없는 자율주행차 '제로셔틀'[1]이 시범운행을 선보인 것입니다. 자율주행 셔틀버스인 제로셔틀은 이날 판교 제2테크노밸리 입구에서 지하

▲ 제로셔틀의 모습

ⓒ 경기도 멀티미디어 홈페이지

철 신분당선 판교역까지 5.5km 구간을 운전자 없이 자율주행하는 모습을 보여 사람들을 깜짝 놀라게 했습니다. 물론 시속 25km 이내로 운행하는 아쉬움이 있었지만 제로셔틀은 도로의 무수한 차를 뚫고 무사히 목표 지점인 판교역까지 도착하는 데 성공했습니다.

제로셔틀의 수준은 앞에서 이야기한 자율주행차의 네 번째

[1] 제로셔틀: 규제, 사고 위험, 미아, 환경오염, 탄소 배출이 제로가 되는 도시를 만들고자 제로셔틀이라 불림

단계에 해당하는 것으로 정해진 도로에서 완전 자율주행이 가능한 수준이었기에 우리나라에서 최초로 운전자 없이 자율주행 하는 기록을 세우게 된 것입니다.

제로셔틀은 자율주행차이기에 당연히 수동 운행에 필요한 핸들, 엑셀, 브레이크 등의 장치는 없습니다. 대신 주변 사물을 인식하는 카메라, 레이더 등의 장치와 사물인터넷 기능이 차량에 탑재되어 통합관제센터와 교통신호 정보 등을 무선으로 주고받으며 운행할 수 있습니다.

그렇다면 현재 세계의 자율주행차 기술은 어디까지 와 있을까요?

미국 시장조사 전문기관 내비건트 리서치^{Navigant Research}의 보고서에 의하면 자율주행 기술 기업은 그 수준에 따라 리더^{Leaders} 그룹, 컨텐더^{Contenders} 그룹, 챌린저^{Challengers} 그룹, 팔로워^{Followers} 그룹으로 나눌 수 있습니다.

가장 수준이 높은 리더 그룹에는 구글 모기업 알파벳의 자율주행차 사업부문 웨이모와 포드, 바이두, 제너럴모터스^{GM} 자회사 크루즈 등이 포함되었습니다. 즉, 이들이 자율주행차 기술에 가장 앞서 있는 회사들이라 할 수 있습니다. 우리나라 현대자동차의 합작법인은 다음 수준인 컨텐더 그룹에 속했습니다. 토요타, 폭스바겐, 인텔 모빌아이, 다임러-보쉬 등 이름이 알려진 회사들이 함께 컨텐더 그룹에 속해 있는 것을 감안할 때 성적이 나쁘지는 않아 보입니다.

놀라운 것은 자율주행차 기술에 가장 앞서 있다고 알려졌던 테슬라가 우리보다 낮은 챌린저 그룹에 속했다는 사실입니다. 소문난 잔치에 먹을 게 없다는 속담이 딱 적용되는 순간입니다.

세계의 자율주행차 기술은 아직 미국자동차기술회^{SAE} 기준 레벨 4 이하에 있다고 할 수 있습니다. 자율주행차가 상용화되기 위해서는 적어도 레벨 4 이상이 되어야 하며 기술 관련 컨설팅 업체 스트래티지 애널리틱스^{Strategy Analytics}에 따르면 레벨 4 이상의 자율주행차가 상용화되는 시점은 2030년경으로 보고 있습니다. 이는 자율주행차가 이슈가 되고 있긴 하지만 아직 우리 주변에서 자율주행차를 보기란 쉽지 않음을 뜻합니다.

100% 자율주행이
가능할까

인류의 산업이 고도로 발달하는 데 자동차 산업이 미친 영향은 지대하다. 하지만 21세기에 접어들어 자동차는 포화 상태에 이르렀고, 자동차 산업은 침체일로[2]를 걷고 있다. 침체된 산업을 일으키는 가장 혁신적인 방법은 신기술의 등장이다. 이에 사람 없이 기계가 스스로 운전한다는 자율주행차가 이슈이다. 자율주행차 기술은 자동차가 처음 등장했을 때만큼 충격적인 기술이다!

만약 자율주행차 기술이 현실화된다면 정말 많은 것이 바뀌고 이는 산업 전반에 큰 영향을 미칠 것이 틀림없다. 자동차 문화 자체가 바뀔 것이며 그 파급효과는 보험업계, 정비업계, 의료업계, 택시업계 등 전방위로 펼쳐질 것이다.

하지만 반대의 목소리도 만만치 않다. 이는 안전에 대한 걱정 때문에 터져 나온다. 도로 위에서의 자동차 운전은 수많은 변수가 나타나고 예측하지 못한 운전 상황이 발생할 수 있다. 이때 자율주행차의 인공지능은 기존 학습을 기반으로 예측해서 대응할 것이다. 하지만 예측은 확률을 바탕으로 하기에 100% 정확하기는 힘들다. 만약 인공지능의 예측이 틀리다면 큰 사고로 이어질 수도 있다. 자율주행차 반대론자들이 걱정하는 지점이 바로 이 부분이다.

자율주행차에 대해 일반 이용자들은 여전히 불신 가운데 있으며 자율주행차가 상용화되기 위해서는 이 벽을 넘어야 한다. 그래서 최고의 권위를 가진 공중파 KBC 방송의 '99분 토론'에서는 이와 관련하여 긴급 편성 토론을 열게 되었다.

사회자 — 최근 신산업 동력으로 떠오른 자율주행차 이슈가 우리나라에서도 뜨겁게 달궈지고 있습니다. 산업계에서는 자율주행차 기술이 산업 전반에 긍정적 영향을 미칠 것이라 예상하고 있지만 소비자들의 반응은 여전히 불안해하고 냉담합니다. 이에 저희 99분 토론에서는 자율주행차에 대해 긍정적 입장을 가지신 미래자동차연구소 강기원 소장님과 한국대 자동차학과 강진형 교수님, 그리고 부정적 입장을 가지신 소비자 김을수 씨와 김상연 씨를 모시고 토론을 진행하도록 하겠습니다. 먼저, 양 팀의 대표 입장을 들어 보도록 하겠습니다. 강 소장님이 포문을 열어 주시죠.

강기원 — 네, 최근 글로벌 경기 침체 상태가 지속되고 있습니다. 더욱이 예상치 못한 코로나19 사태로 전 세계 경제는 소용돌이에 빠질 위험에 놓여 있습니다. 이러한 때 경기를 일으킬 신성장 동력이 필요한데요. 그 중심에 자율주행차가 있다고 생각합니다. 잘 모르시는 분들은 자율주행차가 안전에 문제가 있다고 생각하시는데 실상은 그 반대입니다. 컨설팅 전문 회사인 맥킨지의 보고에 따르면, 자율주행차가 상용화될 경우 2030년 이내로 교통사고가 2015년 대비 90% 정도 감소할 것으로 전망했습니다. 금액으로 환산하면 1,900억 달러에 달할 정도의 경제효과입니다. 이는 단지 교통사고 감소에 따른 경제효과고요. 시장조사 전문기관 내비건트 리서치에 따르면 2035년에 1조 1,520억 달러의 자율주행차 시장이 만들어질 것으로 보고 있습니다. 이에 따라 우리나라 정부에서도 자율주행차 산업을 적극적으로 밀 정도로 자율주행차 산업은 낙관적입니다.

김을수 ── 네, 강 소장님 말씀은 잘 들었습니다. 하지만 소비자 입장에서 그 보고서들의 조사들은 마치 뜬구름 잡는 것처럼 보입니다. 모두가 과학적 기반에 근거하기보다 그저 예측에 의존한 확률에 불과하지 않습니까. 맥킨지 보고서가 2030년 이내로 교통사고가 2015년 대비 90% 정도 감소한다고 했는데 그건 2030년에 완전한 자율주행차가 상용화되었을 때를 가정하고 예측한 것이 아닙니까. 만약 2030년까지 완전한 자율주행차가 아니라 조금이라도 불완전한 자율주행차가 만들어진다면 90% 감소는 오히려 반대로 나타날 수도 있지 않습니까. 그런 점에서 소비자들은 여전히 불신을 거둘 수 없다는 점을 말씀드리고 싶습니다.

사회자 — 초반부터 양쪽의 의견이 불꽃 튀는 것 같습니다. 그럼 좋습니다. 단도직입적으로 자율주행차에 있어서 가장 중요한 부분인 100% 자율주행차는 가능한가, 아니면 불가능한가부터 묻도록 하겠습니다. 이번에는 강 교수님부터 말씀해 주실까요.

강진형 — 100% 자율주행차 이야기를 하려면 먼저 자율주행차 기술에 대한 이해가 필요할 것 같습니다. 다음 그림을 봐 주시기 바랍니다.

자율주행차는 이 그림과 같이 크게 방향을 탐지하는 항법장치, 두뇌와 같은 역할을 하는 연산장치, 주변 상황을 인식하는 센서장치, 차량을 제어하는 제어장치 등으로 구성돼 있습니다. 이를 통하여 차선 이탈, 차선 유지, 차량 간의 거리 유지, 긴급 제동 등을 감지하

여 자동으로 작동하게 됩니다. 즉, 자율주행차는 이런 모든 장치가 서로 협력하여 자동으로 주변 상황을 파악하고 온갖 장애물을 피해 목적지까지 최적의 경로를 선택하여 안전하게 안내해 주는 시스템을 이루고 있습니다. 더욱 안전한 주행을 위해 자율주행차는 위성을 통하여 교통센터로부터 고속도로 주행 지원 시스템을 제공받기도 합니다. 이러한 자율주행차 기술의 현 수준은 학계에 따라 차이가 있긴 하지만 미국자동차기술회[SAE] 기준 2~4단계에 와 있다고 할 수 있습니다. 2단계는 운전의 일부만 자동으로 하는 단계이고 3단계는 제어가 필요할 때만 사람이 개입하는 단계입니다. 4단계는 정해진 조건에서 사람이 일절 개입하지 않는 단계입니다. 즉, 4단계 정도가 되어야 비로소 예측 가능한 도로에서 완전 자율주행이 가능한 것입니다. 현재 국토부에서 레벨 3을 탑재한 자율주행차 판매를 허락한 상태이며 레벨 4의 자율주행차는 시범적으로 운행되는 수준에까지 와 있습니다. 물론 사회자님께서 이야기한 100% 자율주행차는 지금은 가능한 상태가 아닙니다. 하지만 앤시스[ANSYS]가 시장조사업체 아토믹 리서치에 의뢰해 조사한 결과 71%가 자율주행차에 신뢰를 보인 것으로 나타났고 또 10년 안에 인간 운전자를 능가할 것이라고 답한 것도 있어 저는 머지않은 미래에 5단계에 충분히 진입할 수 있을 거라 생각합니다.

김을수 —— 자율주행차 신봉자들은 당연히 그런 기대를 하고 있을 것이라 생각됩니다. 그런데 그런 여론조사도 있지만 상반되는 여론조사도 있음을 알아주시기 바랍니다. 딜로이트 보고서가 2019년 조사한 결과에 따르면 응답자의 절반 이상이 자율주행차가 안전하지 않다고 답한 것으로 나타났습니다. 1년 전 같은 조사에서 나타난 47%보다 부정적 의견이 더 높아진 것입니다. 다른 조사에서는 자율주행차에 대해 70%가 부정적인 의견을 갖고 있다는 결과도 있을 정도입니다. 사람들이 왜 자율주행차에 대해 부정적 의견을 가질까요? 예를 들어, 아무리 자율주행차 기술이 발전한다 해도 갑자기 끼어드는 차, 불쑥 튀어나오는 사람 등의 돌발 변수를 인간의 감각처럼 대응할 수 있을까 하는 의문 때문입니다.

김상연 —— 제가 미국 실리콘밸리의 여러 자율주행 기술 기업 관계자를 만나 기술적 부분에 대해서도 좀 알아봤는데요, 돌발 변수까지 해결하기 위해서는 기술적 난제들이 여전히 많이 남아 있다고 합니다. 또 완전자율주행을 위해 V2X 기술이 필수인데 이는 차량이 무선 네트워크를 통해 주변과 소통하는 기술입니다. 이 문제의 해결을 위해서는 정부의 지원도 필요한 상황이라고 합니다. 그 외에도 완전 자율주행을 위해 넘어야 할 산이 많다고 들었습니다. 그들의 말에 의하면 완전 자율주행차의 상용화가 가까운 미래에는 힘들다고 합니다. 제 생각에도 완전 자율주행차 기술이 완성되려면 거의 인간에 가까운 인공지능 문제가 먼저 해결되어야 한다고 봅니다. 그런데 아직 인공지능 기술이 그런 단계에 와 있지 못한 상태 아닙니까.

강기원 —— 두 분의 불안은 충분히 이해하겠습니다. 그런데 그 불안 중에 근거 없는 불안은 바로잡을 필요가 있어 말씀드립니다. 먼저, 김을수 씨가 갑자기 끼어드는 차, 불쑥 튀어나오는 사람 등에 대한 대처를 이야기했는데 이때는 사람이 운전해도 100% 안전하게 대처하기 힘든 상황입니다. 운전감각이 좋은 사람은 잘 대처할 수 있을지 몰라도 운전감각이 낮은 사람은 사고가 날 수도 있겠죠. 이런 상황은 사람이 운전해도 100% 안전을 보장하지 못하는 상황인 것이죠. 따라서 완전 자율주행차에도 똑같은 기준이 적용되어야 합니다. 문제는 돌발 변수에 안전히 대처할 수 있는 확률일 텐데, 아마도 완전 자율주행차가 나온다면 인간의 안전 대처 확률보다 더 높은 대처 확률이 나올 것이 분명합니다. 또 김상연 씨가 기술적인 문제를 이야기하셨는데 지금의 기준으로 보면 그렇게 생각할 수 있습니다. 하지만 우리는 지금의 이야기를 하는 게 아니라 10년 후, 20년 후 이야기를 하는 것이고 그때쯤이면 지금 난항을 겪고 있는 기술적 문제는 다 해결될 것이라고 봅니다. 따라서 저는 어느 때 가서는 100% 자율주행 기술이 이뤄지리라 보고 있습니다.

김을수 —— 완전 자율주행차가 돌발 변수에 인간보다 더 잘 대처하리란 것을 무엇으로 증명할 수 있는지 모르겠습니다. 앞에서도 언급한 맥킨지 보고서에서 2030년 이내로 교통사고가 2015년 대비 90% 정도 감소한다고 하는 예측도 터무니없다고 생각됩니다. 아마도 그것은 도로 위에 모두 정형화된 자율주행차가 서로 간의 약속에 의해 운행된다면 가능할지도 모르겠습니다. 하지만 어떻게 그런 시대가 올 수 있을까요? 그건 자동차를 선택할 개인의 자유를 침해하는 일이 될 수도 있습니다.

강기원 —— 김을수 씨의 생각은 이해합니다만 이게 좀 더 전문적인 기술적 문제로 들어가 보면 충분히 해결될 수 있는 문제란 사실을 알게 될 것입니다.

김상연 —— 좋습니다. 기술적 문제를 몰라 막연한 두려움에 떤다고 할 수 있습니다. 하지만 우리 소비자 입장에서 가장 우려되는 부분은 바로 고장이라는 변수입니다. 만약 그 완벽한 기술의 자동차가 아무 문제없이 잘 굴러간다면 더할 나위 없이 좋겠죠. 하지만 도로 위에서 장치의 하나라도 고장 나면 어떡하죠. 거기에 우리의 생명을 담보할 수 있을까요? 오늘날 스마트폰 기술이 최첨단을 걷는다 하지만 서비스센터에 가 보세요. 스마트폰 고장으로 센터를 방문한 사람들이 줄을 서 있습니다. 도로 위의 그 많은 자율주행차 중 하나라도 고장 나지 않는다는 보장이 어디 있어요.

주제 2
자율주행차의 윤리적 문제는

사회자 —— 하하. 양측의 의견이 한 치의 양보도 없군요. 100% 자율주행차의 가능 여부에 대해서는 양측의 의견을 충분히 들었다 생각됩니다. 그래서 이쯤에서 다음 주제를 던져 볼까 합니다. 바로 자율주행차의 윤리적 문제에 관한 부분입니다. 예를 들어, 자율주행차를 몰다가 사고가 났을 때 그것은 탑승자의 책임일까요, 아니면 자율주행차의 책임일까요? 탑승자는 자기가 운전하지 않았으니 책임을 회피하려는 문제가 생긴다고 보는데요. 이에 대해 강 소장님이 먼저 얘기해 주실까요?

강기원 —— 그 문제에 답하기 전에 먼저 마이클 샌델 교수의 『정의란 무엇인가』에서 널리 알려진 일명 '트롤리 딜레마'에 관한 질문을 생각해 볼 필요가 있습니다. 예를 들어, 자율주행차가 달리다가 갑자기 브레이크가 고장 났습니다. 그대로 달리면 5명의 사람을 치게 되고 핸들을 꺾게 되면 1명만 치게 됩니다. 이때 자율주행차는 어떤 선택을 해야 할까요? 인간은 윤리적 동물이기에 이 질문에서 대다수가 핸들을 꺾는 쪽을 선택했습니다. 그렇다면 자율주행차의 인공지능에 다수의 의견을 주입시켜 핸들을 꺾게 해야 할까요? 그런데 만약 핸들을 꺾는 경우 운전자가 다친다고 했을 때 자율주행차는 또 어떤 선택을 해야 할까요? 운전자를 다치게 해야 할까요, 보행자를 다치게 해야 할까요? 이 질문은 과학 학술지인 『사이언스』에 실린 논문 「자율주행차의 사회적 딜레마The social dilemma of autonomous vehicles」에서 제시되었는데 78%의 사람들이 보행자를 보호하는 쪽에 표를 던졌어요. 그런데 그다음 질문에 "그렇다면 이런 자율주행차를 사시겠습니까?"라고 했을 때 대부분의 사람은 사지 않겠다고 답했습니다. 즉, 사람들은 남의 문제일 때는 공리적인 것에 표를 던지지만 막상 자기 문제가 되었을 때는 개인주의적 판단을 하게 된다는 것입니다. 제가 이런 이야기를 하는 이유는 자율주행차는 인간이 아니기에 인간과 같은 이런 윤리적 판단을 할 수 없는 존재란 이야기를 하고 싶어서입니다. 자율주행차도 분명 100% 안전을 보장할 수 없고 사고가 일어날 것입니다. 이런 가운데 사고가 났다면 그것은 기존의 교통사고 처리 방법과 같게 법적인 처리를 해야 한다고 봅니다. 왜냐하면 법적, 윤리적 판단 문제는 자율주행차가 아니라 인간이 해야 하니까요.

김을수 — 제 생각엔 그건 너무 가혹한 것 같습니다. 나는 자율주행차에게 모든 운전을 맡겼을 뿐이고 결국 자율주행차가 사고를 낸 것인데 내가 왜 책임을 져야 한단 말입니까? 저는 온전히 제조사가 책임져야 한다고 생각합니다.

강진형 — 제 생각엔 그게 상황에 따라 다를 것 같습니다. 만약 자동차 자체의 결함 때문에 사고가 난 것이라면 제조사가 책임져야겠지요. 이건 지금도 마찬가지로 적용됩니다. 하지만 앞의 '트롤리 딜레마'처럼 어쩔 수 없는 상황에서 사고가 났다면 그건 당연히 차주가 책임을 져야 한다고 생각합니다. 자율주행차가 윤리적 책임까지 질 수는 없으니까요. 또 차주가 자동차 관리를 소홀히 해 사고가 난 부분도 마찬가지로 차주가 책임져야 하고요.

김상연 — 그렇게 간단한 문제가 아니라고 생각됩니다. 왜냐하면 차주의 윤리관과 자율주행차에 주입된 윤리관이 다를 수 있으니까요. 즉, 차주의 윤리관과 다르게 자율주행차가 작동했다면 그 부분에 대한 책임은 회사도 감당해야 하지 않을까요.

강진형 — 그런 문제까지 파고든다면 차주가 자율주행차를 구입할 때 아예 자율주행차의 윤리관에 대해서도 동의하는 절차가 있어야 한다고 생각됩니다. 자기와 윤리관이 맞지 않는 차를 구입할 수는 없는 것이니까요.

자율주행차가 긍정적 변화를 일으킬까

사회자 — 자율주행차의 윤리적 문제도 입장에 따라 보는 관점이 다르므로 정답을 내기가 어렵다는 생각이 듭니다. 강 교수님이 말씀해 주신 부분은 중요할 것 같습니다. 자율주행차를 구입할 때 그 차에 주입된 윤리관을 확인하는 부분 말입니다. 이제 마지막 주제인 '자율주행차가 우리 사회에 긍정적 변화를 일으킬까' 하는 부분에 대해 토론해 보도록 하겠습니다. 먼저, 강 소장님이 말씀해 주실까요?

강기원 — 자율주행차의 사회적 영향에 대해 단지 자동차 혁신 정도로 생각하는 경향이 있는데 이것은 매우 좁은 시각에서 나온 결과입니다. 호드 립슨, 멜바 컬만이 쓴 『넥스트 모바일: 자율주행혁명』에서는 자율주행 기술은 스마트폰이 우리 사회를 바꿔 놓은 정도로 우리 사회를 변화시킬 것이라 주장하고 있습니다. 자율주행 기술이야말로 사회, 경제 전반에 걸쳐 우리 사회를 변화시킬 차세대 기술이란 것입니다.

김을수 — 하하, 그건 좀 과장된 상상 같습니다. 인공지능 기술이 나타난다면야 모를까, 단지 자율주행차가 많아지는 것이 어떻게 우리 사회를 혁명적으로 변화시킬 수 있단 말입니까?

강기원 — 이야기를 끝까지 들어 보세요. 사람들은 4차 산업혁명 핵심 기술로 사물인터넷, 빅데이터, 인공지능, 로봇 등을 이야기하지만 사실 이 모든 기술이 융합하여 총체적으로 나타난 기술이 바로 자율주행차라는 것입니다. 자율주행차의 등장은 사회 전반적인 분야에 영향을 끼칠 것입니다. 마치 처음 자동차가 나타났을 때의 충격처럼! 먼저, 운전의 주체가 달라지므로 자동차 보험업계가 크게 변화할 것입니다. 이와 관련하여 법률, 윤리, 보안 산업에도 커다란 영향을 줄 것입니다. 또한 도로 안전성이 크게 좋아져 도로환경과 관련된 산업에 영향을 줄 것이고 운행 중 여가시간이 늘어나므로 업무의 효율성이 생길 뿐 아니라 여가시간 관련 산업에도 영향을 미칠 수 있습니다. 이처럼 자율주행 기술은 우리 사회의 산업 전반에 영향을 줄 수 있기에 가히 혁명이란 말을 쓸 수 있는 것입니다.

김을수 ── 그건 하나만 생각하고 둘은 모르는 소리 같습니다. 자율주행차로 인해 택시, 버스 등 운수업에 종사하는 그 무수한 사람이 직업을 잃거나 입지가 줄어들 것은 생각하지 않습니까? 물론 이것도 완전한 자율주행차가 나왔을 때 성립되는 이야기겠죠. 자율주행차의 등장으로 마치 사회 전반의 산업이 크게 발전할 것이란 주장은 논리적 비약으로 보입니다. 이로 인해 이익을 보는 분야도 있겠지만, 피해를 보는 분야도 있을 것입니다. 자율주행차가 우리 사회에 긍정적 영향을 미칠지는 지금 섣부르게 판단하기 이르고 나중에 이익과 손해를 따져 봐야 알 수 있을 것이라 생각합니다.

마무리 발언

사회자 ── 더 듣고 싶은데 시간이 다 되어 아쉽습니다. 듣다 보니 자율주행차에 대한 전망이 너무 낙관적인 것도 비관적인 것도 조심해야 한다는 생각이 드네요. 역사를 살펴보면 새로운 발명품이 나왔을 때 명도 있었지만 암도 있었던 것이 사실이니까요. 차분히 진행 상황을 지켜보며 문제가 발견될 시에는 다 같이 뜻을 모아 해결하는 자세가 중요하겠다는 생각을 해 보았습니다. 오늘 마무리 발언은 강 교수님과 김상연 씨가 각각 한마디씩만 해 주시기 바랍니다.

강진형 ─ 오늘 시민 대표 두 분의 의견을 들으며 아직 자율주행차의 실제 사용자가 될 소비자들은 여전히 불신의 벽이 높다는 사실을 알게 되어 의미 있는 시간이었던 것 같습니다. 아마도 그것은 자율주행 기술이 아직 본격적 궤도에 오르지 못했기 때문이라 생각되며 이 분야 기술자나 지식인들이 앞으로 좀 더 겸손한 태도로 소비자들에게 다가가야겠다고 다짐해 봅니다.

김상연 ─ 저도 두 분의 의견을 들으며 몰랐던 사실도 많이 알게 되어 소중한 시간이었던 것 같습니다. 자율주행차에 대해 무조건 불신하기보다 우리 사회에 유익하게 쓰일 부분에 대해 좀 더 마음을 열고 지켜봐야겠다는 생각도 하게 되어 감사합니다.

사회자 ─ 하하, 오늘 내내 치열하게 논쟁하시다 마지막에는 유종의 미를 거두는 것 같군요. 자율주행차에 관한 토론을 끝까지 지켜봐 주셔서 감사합니다. 다음 시간에는 4차 산업혁명 시리즈 세 번째 주제인 블록체인을 놓고 토론을 진행할 예정이오니 많은 관심 가져 주시기 바라며 오늘 토론 마치도록 하겠습니다.

자율주행차의 배반

2018년 3월 19일 오후 10시경 미국 애리조나주에서 교차로를 건너던 49세 여성이 우버 자율주행차에 치이는 큰 사고가 발생했습니다. 이 여성은 긴급히 병원으로 옮겨졌지만 사망하고 말았습니다. 이 사고는 자율주행차 차량사고 가운데 첫 사망사고란 점에서 세계의 이목을 집중시켰습니다. 소비자들은 여전히 자율주행차에 대해 불안한 시선을 보내고 있었는데 이 사고로 인하여 불안심리는 더욱 가중되고 말았습니다.

자율주행차의 사망사고는 또 이어졌습니다. 같은 해 5월 21일(현지시간) 미국 캘리포니아에서 테슬라 자율주행차가 연못에 뛰어드는 사고가 발생했습니다. 이 사고로 운전자는 사망하고 말았는데 경찰에 의하면 이 테슬라 자율주행자동차가 방향을 잘못 틀어 연못에 뛰어든 것으로 나타났습니다. 충격적인 것은 이 테슬라의 자율주행자동차가 레벨 4에 해당한다는 사실이 알려지면서입니다. 레벨 4이면 운전자 없이 자율주행차 스스로 운전하는 현재까지 최고의 기술 단계가 아닙니까. 결국 자율주행차 시스템에 뭔가 오류가 일어나 이런 처참한 사고가 일어났다고밖에 볼 수 없습니다.

물론 이 두 건의 사고로 자율주행 기술을 모두 평가할 수는 없습니다. 또한 아직은 자율주행 기술이 본격적 궤도에 들어서기 전 단계이기 때문에 이것으로 자율주행차 모두를 매도할 수도 없습니다. 좀 더 차분히 자율주행 기술의 발전을 지켜보는 것이 가장 현명한 방법이 될 것입니다.

마무리
하기

100% 자율주행이 가능할까

1. 다음 자율주행차에 관한 토론 내용을 보고, 각 주장에 관한 근거를 정리해 적어 보세요.

100% 자율주행이 가능할까?

	긍정적이다	부정적이다
100% 자율주행차는 가능한가, 아닌가?	현재 레벨 4단계이며 수년 내에 가능하다. 근거 :	기술적, 환경적 제약으로 불가능하다. 근거 :
자율주행차의 윤리적 문제는?	자율주행차 자체에 책임을 지울 수 없다. 근거 :	자율주행차 및 제조사도 책임을 져야 한다. 근거 :
자율주행차가 긍정적 변화를 일으킬까?	혁명적인 변화를 일으킬 것이다. 근거 :	긍정적 변화가 더 크게 일어날지는 두고 볼 일이다. 근거 :

2. 자율주행차에 관한 본인의 입장을 적어 보세요.

◆ 생각 더하기 216쪽을 참고하세요!

▲ 툴루즈 로트레크(1864~1901년), 〈4두 마차를 모는 알퐁스 드 툴루즈 로트렉 백작〉, 1881년. 마차의 가장 단순한 모양은 말 한 마리가 끄는 마차이다. 벤허의 마차 경기에서처럼 좀 더 힘과 속력을 내기 위해 쌍두마차를 끌기도 한다. 그런데 툴루즈 백작은 2인용 마차를 무려 네 마리의 말이 끌게 하고 있다. 말을 타고 다니던 시절 마차의 발명은 획기적이었을 것이다. 마치 자율주행차의 등장처럼!

· 쟁점 4 ·

블록체인

— 블록체인 암호화폐는 기존 화폐를 대체할 수 있을까

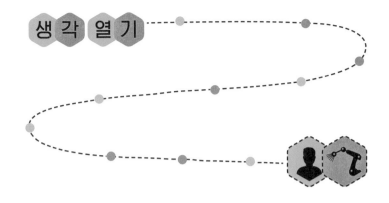

2017년, 우리나라 경제에 불어닥친 최고의 화두는 비트코인이었습니다. 1비트코인의 가격이 2,000만 원을 넘어서는 현상이 몰아닥친 것이었습니다. 100만 원 조금 넘었던 2015년 1비트코인의 최저가격은 2016년 1,000만 원을 넘어서더니 2017년 무려 2,000만 원 넘게 치솟은 것입니다. 그리고 2021년 1월 초에는 무려 4,000만 원을 돌파하기도 했습니다. 처음 비트코인이 등장할 때 1비트코인 가격이 3~4원이었던 점을 감안하면 그야말로 폭발적인 성장세라 하지 않을 수 없습니다.

비트코인 반대론자들은 비트코인이 게임머니 같은 가상화폐일 뿐 실질 화폐와 같은 역할을 할 수 없다고 했습니다. 반면, 비트코인 찬성론자들은 비트코인이 화폐를 대신할 수 있을 뿐 아니라 미래에는 현재 쓰이는 화폐는 없어지고 비트코인 같은 암호화폐로 변화할 것이라는 파격적인 주장까지 했습니다. 과연 비트코인은 화폐가 될 수 있는 것일까요, 아니면 반대론자들의 생각처럼 화폐의 역할을 할 수 없는 것일까요?

먼저, 비트코인이 무엇인지부터 알아보기로 합시다. 비트코인은 2009년 '나카모토 사토시'라는 프로그래머가 개발했다고 알려져 있습니다. 하지만 나카모토 사토시라는 사람이 등장하지 않아 정확한 진실은 베일에 가려져 있는 상태입니다.

어쨌든 비트코인bitcoin은 컴퓨터의 단위를 뜻하는 비트bit와 동전을 뜻하는 코인coin이 합쳐져 탄생한 말입니다. 즉, 컴퓨터에서 쓰이는 전자화폐라 할 수 있습니다. 우리가 쉽게 알고 있는 전자화폐라 하면 네이버의 '네이버 캐시', 카카오의 '초코'와 같은 것들을 떠올리게 되는데, 비트코인은 이것들과는 근본적으로 성격이 다른 전자화폐입니다. 왜냐하면 비트코인은 블록체인 기술을 바탕으로 만들어진 화폐이기 때문입니다.

비트코인에 블록체인 기술이 사용되는 이유는 비트코인 화폐만의 특성 때문입니다. 기존에 우리가 쓰는 돈은 각국의 중앙은행이 화폐 발행을 독점하고 이 돈을 시중에 풀어 돌리는 방식으로 사용됩니다. 그러니 정부의 통제 아래에서 사용할 수밖에 없습니다. 만약 정부가 위험해지면 내 돈도 위험해지는 구조를 가지고 있습니다. 비트코인은 바로 이런 문제에 대한 반발로 생겨난 화폐라 할 수 있습니다. 즉, 비트코인은 중앙 정부가 발행하는 돈이 아니라 개인이든 단체든 누구나 발행하거나 사용할 수 있는 돈입니다. 따라서 필연적으로 상대와의 신뢰 문제가 생기게 되기 때문에 화폐를 암호화하는 방식을 택할 수밖에 없습

니다. 이때 비트코인을 암호화하는 기술이
바로 블록체인입니다.

블록체인Blockchain은 이름 그대로 각 블록
을 체인으로 연결하는 방식을 사용합니다.

우리가 사용하는 돈의 거래는 은행의
중앙 서버에 저장하는 방식을 사용합니다.
이 방식의 문제는 만약 중앙 서버가 해커에

▲ 블록체인의 구조

게 뚫리면 모든 것이 끝장난다는 데 있습니다. 이를 방지하기
위하여 블록체인은 비트코인을 사용하는 모든 사람의 거래내
역이 컴퓨터에 저장되는 방식을 사용합니다. 따라서 비트코인
을 사용하는 누구나 거래내역을 확인할 수 있습니다. 이때 거
래내역은 자동으로 암호로 바뀌기에 도저히 해킹을 시도할 수
가 없습니다. 왜냐하면 그 수많은 사람의 컴퓨터를 다 뚫어야
하기 때문입니다. 그런 점에서 블록체인 기술은 기존의 은행방
식보다 훨씬 안전하다 할 수 있습니다.

이런 블록체인 기술을 사용한 비트코인은 위험한 중앙 집
중적 시스템 없이 금융거래를 가능하게 했다는 점에서 높은 평
가를 받고 있습니다. 은행 없이 개인 간에 안전한 금융거래를
할 수 있게 된 것입니다. 따라서 전문가들은 블록체인 기술이
비트코인 이외의 다른 분야에 활용될 가능성도 크다고 보고 있
습니다. 그럼에도 비트코인 반대론자들은 비트코인을 돈이라
부를 수 없다고 주장하고 있습니다.

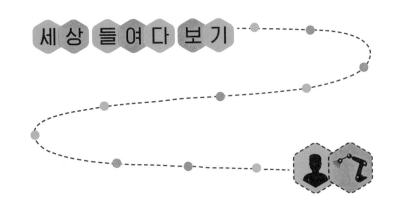

비트코인 열풍으로 또 다른 암호화폐들이 족족 생겨났습니다. 다음은 2017년 암호화폐 열풍 당시 암호화폐 시장에 등록된 상위 10개 암호화폐의 이름입니다.

① BTC	비트코인
② ETH	이더리움
③ XRP	리플
④ XEM	NEM
⑤ LTC	라이트코인
⑥ DASH	대시
⑦ BCN	이더리움 클래식
⑧ BCN	바이트코인
⑨ XMR	모네로
⑩ XLM	스텔라 루멘스

그렇다면 이런 암호화폐들은 어떻게 만들어지고 거래되는

것일까요? 먼저, 비트코인이 만들어지는 과정을 알아보면 쉽게 이해할 수 있습니다. 비트코인은 어려운 수학문제를 풀면 비트코인을 지급하는 방식으로 되어 있습니다. 이때 수학문제는 다름 아닌 블록체인으로 암호화된 10분 동안의 거래 기록입니다. 이것은 보통 인간의 능력으로 도저히 풀 수 없기에 프로그램으로 제공되는데

▲ 사람들은 비트코인을 얻는 방법이 마치 광부가 광산에서 곡괭이질을 거듭한 끝에 금을 캐내는 것과 비슷하다 하여 '비트코인 채굴'이라 부르기도 한다.

이 프로그램을 풀기 위해서는 일반 컴퓨터로는 노력 대비 이득이 생기지 않고 고사양 컴퓨터 수십 대를 이용해야 이득을 얻을 수 있습니다. 그래서 사람들은 비트코인을 얻는 방법이 마치 광부가 광산에서 곡괭이질을 거듭한 끝에 금을 캐내는 것과 비슷하다 하여 '비트코인 채굴'이라 부르기도 합니다.

재미있는 것은 이렇게 문제를 풀었을 때 새로 발행되는 비트코인의 액수 또한 정해져 있다는 사실입니다. 처음 이 프로그램을 만들었다고 알려진 나카모토 사토시는 총 2,100만 비트코인으로 한정해 놓았습니다. 그가 이렇게 만든 이유는 무한정 발행하게 했을 때 발생할 위험을 생각했기 때문인 듯합니다. 그래서 사토시는 비트코인이 처음 만들어진 2009년부터 4년 동안은 매 10분마다 문제를 푸는 사람에게 50비트코인을 발행

했고 이후부터는 4년 단위로 발행량이 절반씩 줄어들도록 했습니다. 시간이 지날수록 단위시간당 얻을 수 있는 비트코인의 양이 줄어드는 방식을 택한 것입니다. 이렇게 되면 금액은 점점 줄어서 2040년이 되면 정해 놓은 2,100만 비트코인에 도달해 비트코인 발행이 끝나게 됩니다. 그렇다면 그 이후부터는 어떻게 될까요? 이때부터는 블록체인 암호를 풀어 비트코인 장부를 기록하는 사람에게 기존의 비트코인 사용자들이 수수료를 조금씩 내는 방식으로 진행된다고 합니다.

이렇게 만들어진 비트코인은 이제 어떻게 화폐로 거래될까요? 비트코인이 세상에 알려지자 세계의 수많은 판매자가 비트코인을 결제 수단으로 받아들이게 되었습니다. 따라서 비트코인을 인정하는 수많은 판매소에서 비트코인을 돈처럼 사용할 수 있습니다. 아마존과 미국의 온라인 음식 주문 사이트인 푸들러 등 다양한 곳에서 비트코인을 돈처럼 사용할 수 있습니다. 자동차와 부동산 판매 대금을 비트코인으로 받는 곳도 있습니다. 최근에는 비트코인 현금 인출기까지 생긴 상태입니다.

하지만 여전히 비트코인을 불신하며 받지 않는 곳이 더 많은 것이 현실입니다. 무엇보다 비트코인이 일반인에게는 어려운 방식이라 잘 모르는 문제도 한몫하고 있습니다. 이런 상황에서 과연 비트코인이 찬성론자들의 주장처럼 기존의 화폐를 대신할 수 있을지는 두고 볼 일입니다.

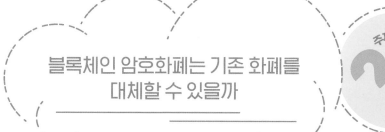

블록체인 암호화폐는 기존 화폐를 대체할 수 있을까

코로나19로 인한 경기침체로 전 세계 금융시장이 요동치고 있다! 더욱이 미국의 경제가 금융위기 때만큼이나 충격을 받으며 과연 기축통화[1]로 인정받고 있는 달러까지 위협받고 있는 상태이다.

1

기축통화: 세계시장에서 중심이 되는 통화를 기축통화라고 한다.

이런 가운데 기존 화폐의 대안으로 떠오른 암호화폐가 다시 주목을 받고 있다. 기존의 화폐는 경제위기가 오거나 세계시장이 요동칠 때마다 위험해질 수 있기 때문이다. 무엇보다 사람들은 금융위기를 두려워하고 있다. 이미 1998년 IMF, 2008년 금융위기 때 겪어 봤기 때문이다. 은행에 맡겨 둔 돈이 자칫 종잇조각이 될 수도 있는 상황에서 암호화폐는 이런 걱정에서 벗어날 수 있다는 주장이다.

그러나 암호화폐 회의론자[2]들은 지금 통용되는 암호화폐들이 일부 전자화폐로서의 기능은 할 수 있을지 몰라도 현재 돈과 같은 기능을 하지는 못한다고 주장한다. 그리고 기존의 돈을 제치고 미래 화폐가 될 것이란 주장도 터무니없다고 이야기

2

회의론자: 어떤 문제에 대하여 가능성을 의심하고 궁극적 판단을 하지 않으려는 태도를 지닌 사람

한다. 이에 암호화폐 관련 논란이 뜨거워져 최고의 권위를 가진 공중파 KBC 방송의 '99분 토론'에서 긴급 편성 토론을 열게 되었다.

사회자 —— 비트코인 열풍으로 블록체인 기술을 기반으로 한 가상화폐가 기존의 화폐처럼 쓰일 수 있느냐 하는 문제가 논란이 되고 있습니다. 기존 화폐처럼 쓰일 수 있다는 주장과 아예 화폐로서의 가치가 없다는 주장이 팽팽히 맞서 있는데요. 이에 저희 99분 토론에서는 가상화폐에 대해 긍정적 입장을 가지신 코리아블록체인연구소 정재수 소장님과 부정적 입장을 가지신 한국대 컴퓨터공학과 유진화 교수님을 모시고 토론을 진행하도록 하겠습니다. 먼저, 두 분의 입장을 들어 보겠습니다.

정재수 —— 먼저, 사회자님이 가상화폐라는 용어를 쓰셨는데 그것부터 바로잡고 시작해야 한다고 생각합니다. 비트코인은 기존 네이버 캐시나 카카오초코 같은 가상화폐와는 성격이 완전히 다른 화폐입니다. 블록체인이라는 혁명적인 암호 기술을 기반으로 하는 화폐로, 중앙에서 발행하고 통제하는 기존의 화폐와는 달리 개인 간에 발행되고 거래되는 화폐이기에 암호화폐라 부르는 것이 맞다고 생각합니다. 이 암호화폐가 기존 화폐처럼 쓰일 수 있느냐 없느냐 하는 문제는 순전히 암호화폐를 바라보는 대중들의 인식에 달려 있다고 생각합니다. 대중들이 이 암호화폐의 취지를 이해하고 받아들이면 당연히 화폐가 될 수 있는 것이고요, 그렇지 않으면 암호화폐는 험난

한 길을 걸을 수밖에 없는 것이지요.

유진화 ── 전통적으로 화폐가 화폐로서의 가치를 가지려면 몇 가지 조건이 필요합니다. 먼저, 변동성이 크지 않아야 합니다. 오늘 가치가 100원이었던 것이 내일 200원이 된다면 그건 화폐로서의 가치가 없다는 이야기입니다. 비트코인은 애초부터 전체 화폐량을 2,100만 비트코인으로 한정해 놨기 때문에 화폐 가치의 변동성이 클 수밖에 없습니다. 또 화폐로서의 가치를 가지려면 자유롭게 물건과 거래할 수 있어야 하는데 지금 비트코인은 그것을 받아들인 몇몇 판매처하고만 거래할 수 있습니다. 이것은 마치 상품권과 비슷한 역할밖에 못하는 상태인 것이지 화폐로서의 역할을 하고 있다고 볼 수 없습니다.

주제 1
암호화폐는 기존 화폐처럼 쓰일 수 있을까

사회자 ── 아, 대개 비트코인을 가상화폐라 부르기에 저도 그런 용어를 썼는데 정확히는 암호화폐가 맞는 것이군요. 앞으로 정정하도록 하겠습니다. 유 교수님의 말씀을 들어 보니 현재의 비트코인은 화폐로서의 기능을 하지 못하고 있다는 생각이 드는데 비트코인과 같은 암호화폐가 과연 화폐로 쓰일 수 있을까 하는 문제에 대해 논의를 더 해 갔으면 좋겠습니다. 정 소장님 이에 대해 반박해 주시죠.

정재수 ── 유 교수님이 비트코인은 변동성이 너무 크고 또 물물교환으로서의 역할을 못하기에 화폐로서의 가치가 없다고 말씀하셨는데 그것은 아직 비트코인의 성질에 대해 잘 이해를 못해서 나온 발상 이라고 생각합니다. 과거 물물교환 하던 시절을 생각해 보세요. 돈이라는 게 처음 나왔을 때 바로 유통될 수 있었을까요? 처음에는 동전 쪼가리나 종이 쪼가리를 물건과 교환하려 하지 않았을 것입니다. 하지만 후에 사람들이 돈의 가치를 알게 되고 대중화되면서 지금과 같은 돈이 된 것입니다. 마찬가지로 비트코인 역시 지금은 대중화되지 않았기에 물물교환으로서의 가치가 낮을 수 있습니다. 하지만 그 가치를 인정하는 사람들이 점점 많아지고 있고 교환으로서의 쓰임도 점점 늘어나고 있습니다. 나중에 대중화에 성공한다면 돈으로서의 가치를 충분히 할 수 있다고 생각합니다. 또 변동성에 대해 이야기하셨는데 그것 역시 아직 많은 사람이 쓰지 않고 있기에 마치 주식처럼 쏠림 현상이 나타나 일시적으로 발생하는 일이라 생각됩니다. 비트코인이 보편화된다면 안정되는 지점이 올 것이고, 그때가 되면 변동성도 크게 낮아질 것이라 보고 있습니다.

유진화 —— 나중에 비트코인이 보편화되면 안정화 단계가 올 것이라 말씀하셨는데 그것에는 동의하기 힘듭니다. 왜냐하면 비트코인은 2,100만 비트코인으로 그 수량을 정해 놨기 때문입니다. 이런 상황에서 나중에 사용하려는 사람들이 점점 많아진다면 그 가치가 폭등하는 시기가 올 수밖에 없습니다. 안정이 오기보다 변동성이 더 커지는 사태가 발생할 것 같은데요.

정재수 —— 만약 암호화폐가 비트코인만 있다면 그럴 수도 있겠죠. 하지만 아시다시피 암호화폐는 비트코인만 있는 게 아닙니다. 또 다른 암호화폐들이 족족 생겨나고 있습니다. 따라서 암호화폐들이 보편화되는 날이 오면 지금의 변동성은 안정을 되찾을 것입니다.

유진화 ─── 자꾸 암호화폐의 보편화 시대를 이야기하시는데 이미 우리나라만 해도 2019년 기준 암호화폐거래소 이용자 수가 500만 명을 넘어서고 있습니다. 참고로 데이터 분석기관인 데이터라이트 DataLight가 '2019 전 세계 암호화폐 거래자 수'에 대해 발표한 보고서를 보면 전 세계 현황을 알 수 있습니다.

▪ **2019 전 세계 암호화폐 거래자 수**

1. 미국 22,260,554명
2. 일본   6,142,686명
3. 한국   5,731,772명
4. 영국   3,898, 222명
5. 러시아 3,183,839명
6. 브라질 3,108,640명
7. 독일   2,528,541명
8. 베트남 2,482,579명

즉, 암호화폐는 이미 전 세계 약 6,800만 명이 사용하고 있는 글로벌 화폐인 것입니다. 그런데도 아직은 초기이기에 화폐로서의 기능을 하고 있지 못하다는 말은 변명으로밖에 들리지 않습니다. 이렇게 많은 사람이 이미 사용하고 있음에도 불구하고 여전히 암호화폐로 내가 원하는 물건을 사기란 무척 힘든 상황에 놓여 있습니다.

정재수 ── 우리나라 암호화폐 이용자 수가 500만 명을 넘어섰다 했는데 물론 많은 사람이 이용하긴 하지만 아직 우리나라 인구수의 10%에 불과한 수치입니다. 전 세계적으로 6,800만 명도 전 세계 인구의 1%도 되지 않는 수치고요. 그리고 유 교수님은 화폐의 기능을 단지 교환수단과 지불수단에 집중하시는 것 같은데 그 외에도 많은 기능이 있습니다. 경제학적 관점에 의하면 교환수단, 지불수단, 저장수단, 가치척도 등이 있는데 현재 비트코인은 교환수단, 지불수단에는 약점이 있지만 저장수단, 가치척도로서는 나름 우수한 기능을 발휘하고 있다고 봅니다. 또 여러 가상화폐 중 비트코인에 한정해서 이야기하면 사실 비트코인은 지불수단의 목적으로 쓰이고자 나온 화폐가 아닙니다. 개인 간 화폐 거래, 스마트 계약 등을 위해 나온 것입니다. 지불수단이 목적이라면 비트코인보다 편리한 다른 암호화폐도 있습니다.

유진화 ── 자꾸 비트코인이 개인 간 화폐 거래라 말씀하시는데 실제로는 개인 간 거래 이전에 암호화폐거래소를 통해 거래하지 않습니까. 블록체인이 개인 간 거래를 해 주기에 안전하다고 했는데 중간에 암호화폐거래소라는 게 있다 보니 이것 역시 불안정하기는 마찬가지라고 봅니다. 암호화폐거래소가 사기를 치거나 부도나거나 해커에게 뚫려 버리면 결국 기존의 화폐보다 더 위험한 상황이 올 수도 있지 않습니까. 실제 그런 일들이 일어나고 있는 상황이기도 하고요. 원래 취지대로 개인 간 거래가 되어야 하는데 지금은 암호화폐거래소가 마치 중앙 통제소와 같은 역할을 하고 있습니다. 이게 은행 거래와 다른 점이 무엇인지 모르겠습니다.

정재수 ── 그 부분은 저도 아쉽게 생각합니다. 암호화폐의 원래 취지인 개인 간 거래는 암호화폐를 쓰는 사람이 더 많아질 때 가능해질 것입니다. 지금은 현실 화폐와 암호화폐가 함께 쓰이는 과도기이기 때문에 암호화폐거래소 같은 것들이 나타나 있는 것이고요. 이것은 차츰 분산되어 결국에는 없어질 것이라 보고 있습니다.

유진화 ── 계속 비트코인에 대해 희망적인 말씀만 하려고 노력하시는 것 같은데 저는 그 전에 비트코인 투기와 암호화폐거래소의 문제로 인해 더 큰 사회적 비용을 치르게 될 것이라 보고 있습니다. 현재 비트코인 시스템은 암호화폐거래소만 블록체인 거래 장부를 갖고 있고 개인은 명목상 거래만 하고 있기 때문에 원래 블록체인 기술이 의도한 '중앙 통제 없이 개인 간 거래'라는 취지에도 벗어나고 있는 상태입니다.

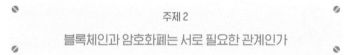

주제 2

블록체인과 암호화폐는 서로 필요한 관계인가

사회자 ── 두 분의 토론이 접점을 찾기가 쉽지 않다는 생각이 듭니다. 암호화폐가 화폐로 쓰일 수 있을지는 좀 더 두고 봐야 할 것 같고요. 이제 주제를 바꿔 보도록 하겠습니다. 아까 블록체인 이야기를 하셨는데 정 소장님이 블록체인과 암호화폐의 관계에 대해 설명해 주시겠습니까?

정재수 ── 사실 암호화폐를 암호화폐라 부르는 이유가 바로 블록체인 기술 때문인데요, 어쩌면 블록체인 기술 때문에 암호화폐가 존재한다고 해야 더 정확한 표현이 될 것 같습니다. 블록체인 기술의 발전을 위해 장치로 심어 놓은 것이 암호화폐인 셈이거든요. 나무가 블록체인이라면 암호화폐는 물과 거름에 비유할 수 있어요. 나무를 잘 자라게 하기 위해 필수적인 게 물과 거름이잖아요. 그렇다면 블록체인 기술이 뭐기에 암호화폐라는 옷을 입어야 하는 것일까요? 블록체인이란 중앙 통제 없이 개인 대 개인을 체인처럼 서로 연결하여 주되, 암호를 통하여 철저히 보안을 지켜 주는 시스템이라 보시면 됩니다. 기존 보안 시스템은 모두 중앙의 통제를 받기에 중앙이 뚫려 버리면 무용지물[3]이 되는 경우가 많았습니다. 하지만 블록체인은 이 단점을 훌륭하게 커버하는 기술 시스템이 되는 것이죠. 그런데 이 블록체인 기술을 발전시키기 위해서는 여기에 관심을 가지고 달려드는 사람들이 많아져야 합니다. 이를 위해 보상이 필요한데 그래서 만든 시스템이 암호화폐 제도입니다. 즉, 블록체인 기술 개발에 적극적으로 참여하는 사람에게 암호화폐라는 보상을 줌으로써 참여율을 높이는 것입니다.

유진화 ── 암호화폐와 블록체인의 관계를 쉽게 잘 설명해 주신 것 같습니다. 하지만 바로 이 부분이 저는 이해가 되지 않습니다. 왜 블록체인 기술 개발에 대한 보상으로 암호화폐를 줘야 하냐는 것이지요. 제가 자꾸 암호화폐를 부정적으로 이야기해서 좀 미안한데 그것은

무용지물(無用之物): 쓸모없는
물건이나 사람

지금 암호화폐가 본래의 취지를 잃고 투기의 진원지가 되고 있기 때문입니다. 블록체인 기술 개발이 그리 중요하다면 암호화폐 대신 다른 보상을 줘서 기술 개발을 하면 되는 것 아닐까요?

정재수 ── 그렇게 생각하실 수도 있지만 그건 블록체인과 암호화폐의 관계를 잘 몰라서 생긴 오해일 수 있습니다. 앞에서도 살짝 이야기 했지만 블록체인이 나무라면 암호화폐는 물과 거름 같은 존재입니다. 암호화폐 대신 다른 보상을 주는 것에 대해 이야기하셨는데 그건 마치 나무에 물과 거름 대신 기름을 주는 것과 비슷합니다. 나무는 물과 거름을 먹어야 잘 자라지 기름을 먹고는 자랄 수가 없습니다. 사토시가 썼다고 알려진 논문에서 "51%의 선한 동기가 있어야 블록체인 기술이 이어질 수 있다"고 했는데 이때 선한 동기란 자발적 동기를 말합니다. 즉, 스스로 이 블록체인 기술 개발에 뛰어들겠다는 사람이 51%가 되어야 건전한 블록체인 기술 개발이 이뤄질 수 있다는 것입니다.

유진화 ── 그 51%의 자발적 동기를 위해 암호화폐 말고 다른 식으로 보상을 줘도 되지 않을까요, 왜 꼭 암호화폐만 고집하는 것입니까. 저는 그 부분을 이해할 수 없습니다. 암호화폐는 투기의 온상이 되고 있으니 블록체인만 떼어서 따로 발전시키는 것이 필요하다고 생각합니다.

정재수 ── 다시 한번 말씀드리지만 블록체인과 암호화폐는 따로 분리할 수 있는 성질이 아니라니까요. 만약 블록체인 개발에 이 시스템 자체에서 주는 암호화폐가 아닌 제3자가 보상을 준다면 그것은 개발 여하에 따라 지속되기 힘든 상황을 맞이할 수도 있습니다. 자발적 동기유발을 일으키는 것이 아닌 의존적 동기가 되기 때문입니다.

주제 3
블록체인 기술의 미래는 어떻게 될까

사회자 — 유 교수님이 블록체인과 암호화폐를 분리하는 새로운 화두를 던졌으니 이제 마지막 주제를 다루도록 하겠습니다. 암호화폐에 대해서는 충분히 이야기를 한 것 같으니 이제 블록체인 기술의 미래는 어떻게 될지에 대해 살펴봤으면 좋겠습니다. 이에 대해 유 교수님이 먼저 말씀해 주시겠습니까?

유진화 — 블록체인의 미래를 이야기하기 전에 먼저 블록체인을 기반으로 한 암호화폐의 미래에 대해 이야기하고 지나갔으면 좋겠습니다. 저는 블록체인 기반의 암호화폐는 결국 사라질 것이라 봅니다. 처음에 비트코인을 만든 이가 어떤 동기로 블록체인 기술에 암호화폐를 덧씌운 것인지는 모르겠지만 결국 이것은 사라지고 말 시스템이라는 것입니다. 그 이유는 명약관화*합니다. 블록체인이 돌아가는 원리는 거래 장부의 한 페이지에 해당하는 블록체인의 블록이 쌓여 가면서 유지됩니다. 그런데 이 블록의 수가 2,100만 개로 한정돼 있고 갈수록 블록을 만드는 것이 더 어렵도록 돼 있습니다. 처음에 하나의 블록을 만드는 것은 쉬웠으나 1,850만 개 이상

명약관화(明若觀火): 불을 보듯 분명하고 뻔함

(2020년 기준)의 비트코인이 만들어진 지금 하나의 블록을 만드는 데 드는 난이도는 처음보다 수조 배 더 어려운 상황에 놓여 있습니다. 그래서 지금 1비트코인을 채굴하기 위해서는 수십 대의 슈퍼컴퓨터를 상당한 전기료를 부담하며 돌려야 겨우 얻을 수 있는 상황에까지 이르렀습니다. 아마도 손익계산을 따졌을 때 2,100만 개를 채굴하기 전에 더 이상 이익을 볼 수 없는 지점에 이를 것으로 예상됩니다. 그러면 손해를 보면서 누가 비트코인을 채굴하려고 하겠습니까. 비트코인 시스템은 더 이상의 블록이 만들어지지 않는 순간 작동이 멈추게 돼 있습니다. 이것은 기록할 거래장이 없어지는 것과 같습니다. 그때 비트코인은 휴지 조각이 되고 마는 것입니다. 혹 더 나은 채굴 기술이 나와 끝까지 간다 하더라도 2,100만 개가 되는 순간 비트코인 시스템은 멈추게 될 것입니다. 물론 저의 주관적인 생각이니 오류가 없지는 않겠지만 제가 그동안 검토한 결과 이렇게 될 확률이 대단히 높다고 생각합니다. 애초에 블록체인과 비트코인의 만남 자체가 잘못됐다는 이야기를 하는 것입니다.

정재수 —— 블록체인 기반 비트코인을 그렇게 해석할 수 있다는 사실이 놀랍습니다. 저는 그와 반대로 생각합니다. 다시 말하지만 지금 기술적 한계가 있다는 사실은 인정합니다. 하지만 우리가 비트코인을 어떻게 받아들이느냐에 따라 비트코인의 미래도 달라질 수 있다고 생각합니다. 블록체인 기술의 긍정적 측면을 보고 그것을 발전시킨다면 유 교수님이 우려하는 그런 문제는 얼마든지 극복될 것이라 생각합니다. 그보다 블록체인의 미래에 대해 생각해 보면 여러 분야에 매우 유용하게 쓰일 수 있습니다. 이미 블록체인을 암호화폐 외에 적용하는 사례들이 생겨나고 있는 상황입니다. 월마트가 대표적인데요. 월마트는 2018년 미국 특허청에 블록체인 기반 스마트 기기 운영 기술의 특허를 냈습니다. 월마트의 자동판매기와 사용자의 스마트 기기 간의 통신이나 기록을 블록체인 기술로 관리하는 내용을 담고 있습니다. 이러한 블록체인 기술의 진출은 출판업계, 커피업계, 부동산업계 등 무한한 분야로 뻗어 나갈 수 있으며 그 미래가 매우 밝다고 생각합니다.

유진화 —— 정 소장님의 이 말씀은 결국 블록체인과 비트코인의 분리가 가능하다는 이야기로 귀결되는 것 같습니다. 블록체인 분리가 가능하여 블록체인 단독으로 다른 분야에 응용하는 것이 가능한 셈이 되니까요. 저 역시 블록체인 단독으로 여러 분야에 적용하는 기술이 많아지는 것에는 동의합니다. 당분간 그런 일이 많이 일어날 것입니다. 하지만 앞에서도 제가 이야기했던 블록체인 기술의 한계 부분이 개선되어야 블록체인의 미래가 계속 이어질 것이라 봅니다.

정재수 —— 아까 제가 했던 말을 오해하신 것 같습니다. 제가 한 말은 비트코인과 떨어진 블록체인을 이야기했던 것이 아니라 암호화폐와 결합된 블록체인을 이야기했던 것입니다. 결국 암호화폐와 결합된 블록체인 기술이 또 다른 분야에 적용되는 것이고요.

마무리 발언

사회자 —— 하하, 두 분이 조금의 양보도 없는 듯 보입니다. 한쪽은 블록체인 암호화폐의 미래를 희망적으로 보고 다른 쪽은 절망적으로 보기 때문에 블록체인 암호화폐는 쉽지 않은 주제였던 것 같습니다. 아쉽지만 시간이 다 되어 짧게 마무리 발언 부탁드립니다.

유진화 —— 그래도 오늘 서로 일치된 견해를 보인 부분은 있었던 것 같습니다. 바로 블록체인의 응용 부분인데요. 저도 만약 블록체인의 기술적 한계 부분이 극복된다면 블록체인의 미래는 우리 사회에 매우 큰 파급력을 줄 수 있다고 생각합니다. 이 부분에 대해서는 서로 힘을 모아 경제와 사회 발전을 위해 함께 나아갔으면 하는 바람입니다.

정재수 —— 저 역시 끝까지 제 의견을 굽히지 않았지만 유 교수님이 말씀하신 블록체인의 기술적 한계 부분에 대해서는 숙고해 봐야겠다는 생각을 했습니다. 다시 한번 말씀드리지만 블록체인은 완성된 작품이 아니기에 평가는 아직 이르다고 생각합니다. 가까운 미래에 오늘 제기된 기술적 문제들이 해결되기를 바랍니다.

사회자 —— 오늘 끝까지 블록체인 암호화폐에 관한 토론 지켜봐 주셔서 감사합니다. 다음 시간에는 요즘 핫한 빅데이터에 대한 토론이 진행될 예정이오니 많은 관심 가져 주시기 바라며 오늘 토론 마치도록 하겠습니다.

비트코인 피자데이

비트코인 최대 미스터리 중 하나는 이것을 만들었다고 알려진 나카모토 사토시의 존재입니다. 누구는 그가 실존 인물이라고도 하고 누구는 다른 인물이 가명을 쓴 것이라고도 합니다. 또 다른 사람은 어떤 일단의 공학그룹이 자신들을 내세우기 곤란하니 나카모토 사토시라는 이름을 쓴 것이라고도 합니다. 중요한 것은 어느 것 하나 사실로 확인할 수 없다는 부분입니다.

어쨌든 탄생이 미스터리한 비트코인에 최초로 관심을 보인 사람은 프로그래머로 일하고 있었던 라스즐로 핸예츠 Laszlo Hanyecz였습니다. 2010년 라스즐로는 비트코인 최초의 커뮤니티인 'Bitcoin Talk'에 1만 비트코인을 줄 테니 피자 두 판을 보내 줄 사람을 찾았습니다. 얼마 후 제르코스Jercos라는 닉네임을 가진 이로부터 피자 두 판이 배달돼 왔고 라스즐로는 1만 비트코인을 지불했습니다. 이렇게 하여 최초의 비트코인 거래이자 암호화폐의 실거래가 이루어졌던 것입니다. 놀라운 것은 지금 기준으로 환산해 보면 1만 비트코인은 거의 1,000억에 가까운 돈이라는 사실입니다. 결국 라스즐로는 1,000억짜리 피자를 사 먹은 셈이 되었습니다. 더 놀라운 것은 당시 라스즐로로부터 1만 비트코인을 획득한 제르코스가 당시 18세의 고등학생이었다는 사실입니다.

블록체인 암호화폐는 기존
화폐를 대체할 수 있을까

1. 다음 블록체인에 관한 토론 내용을 보고, 각 주장에 관한 근거를 정리해 적어 보세요.

블록체인 암호화폐는 기존 화폐를 대체할 수 있을까?

	긍정적이다	부정적이다
암호화폐는 기존 화폐처럼 쓰일 수 있을까?	당장은 부족하지만 기존 화폐처럼 쓰일 수 있다. 근거 :	암호화폐는 화폐라고 할 수 없다. 근거 :
블록체인과 암호화폐는 서로 필요한 관계인가?	블록체인과 암호화폐는 상호의존 적 관계이다. 근거 :	블록체인은 암호화폐로부터 분리 할 수 있다. 근거 :
블록체인 기술의 미래는 어떻게 될까?	블록체인 기술의 응용은 매우 넓다. 근거 :	블록체인 암호화폐는 사라질 것 이다. 근거 :

2. 블록체인에 관한 본인의 입장을 적어 보세요.

◆ 생각 더하기 217쪽을 참고하세요!

▲ **마리누스 판 라이메르스발**(1490~1546년), **〈환전상과 그의 아내〉, 1539년.** 셰익스피어의 〈베니스의 상인〉 내용 중 환전상과 그의 아내를 그린 명화이다. 샤일록과 안토니오의 우정을 그린 내용에는 돈과 목숨을 바꾸는 내용이 나온다. 그림의 돈들을 보며 오늘날 사람들이 열광하는 암호화폐가 연상되는 이유는 무엇일까.

· 쟁점 5 ·

빅데이터

— 빅데이터는 대통령을 예언할 수 있을까

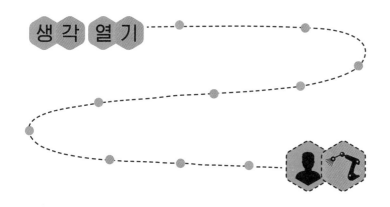

생 각 열 기

4차 산업혁명과 관련하여 최근 가장 핫한 이슈 중 하나가 바로 '빅데이터'일 것입니다. 여기 가도 빅데이터, 저기 가도 빅데이터, 심지어 빅데이터야말로 미래의 금광이라는 둥, 앞으로는 빅데이터를 알아야 돈을 벌 수 있다는 둥 말들이 참 많습니다. 영국 옥스퍼드대학교의 교수 빅토어 마이어 쇤베르거Viktor Mayer-

▲ 빅데이터(big data)는 큰 데이터를 수집, 저장, 관리, 분석하여 사회 현상에 적용하는 일까지를 포함한다.

Schönberger는 빅데이터에 대해 "스마트폰이 생긴 것과 차원이 다른 인류 역사의 변곡점"[1]이 될 것이라고 극찬을 할 정도입니다.

반면, 빅데이터에도 한계가 있다는 비판도 만만치 않습니다. 빅데이터를 이용하여 내놓은 예상들이 빗나가는 일들이 생기기 때문입니다. 예를 들어, 구글의 대표적인 빅데이터 서비스

변곡점(變曲點): 굴곡의 방향이 바뀌는 자리를 나타내는 곡선 위의 점

인 구글독감트렌드Google Flu Trends, GFT가 독감 발생에 대한 예측치를 내놓았지만 실제와는 많이 다른 결과를 내 빅데이터의 신뢰에 의문을 던지게 했습니다. 이를 두고 미국 휴스턴대학교 라이언 케네디Ryan Kennedy 정치학 교수 연구팀은 "'빅데이터 혁명'만 이야기하기보다 '올데이터 혁명All Data Revolution'을 얘기해야 한다"고 말하기도 했습니다. 올데이터 혁명이란 빅데이터와 여론조사를 바탕으로 하는 기존 데이터를 모두 결합한 데이터를 말합니다.

무엇보다 빅데이터 비판자들이 우려하는 것은 빅데이터의 윤리적 문제입니다. 빅데이터는 SNS상에 드러난 개인의 모든 정보를 이용하기 때문에 빅데이터 앞에 개인의 사생활은 벌거벗은 채로 고스란히 드러나게 됩니다. 내가 은밀히 검색했던 검색어조차 SNS 회사에 그대로 전달돼 빅데이터에 이용되는 실정입니다. 아마도 빅데이터에 열광하면서도 이 사실을 몰랐던 사람들은 섬뜩한 느낌을 받을 수도 있겠습니다.

과연 빅데이터는 이런 문제를 극복하고 4차 산업혁명의 맹주 자리를 이어 갈 수

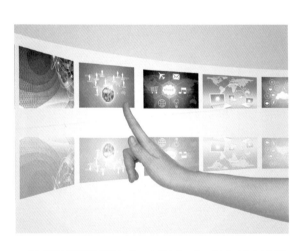

▲ 내가 은밀히 검색했던 검색어조차 SNS 회사에 그대로 전달돼 빅데이터에 활용된다.

있을까요?

이 문제를 이해하기 위해 빅데이터가 무엇인지부터 알아보는 것이 순서일 것입니다.

빅데이터^{big data}란 이름 그대로 아주 큰 데이터를 말합니다. 하지만 아주 큰 데이터라는 뜻만으로 빅데이터를 설명할 수는 없습니다. 빅데이터는 이러한 큰 데이터를 수집, 저장, 관리, 분석하여 사회 현상에 적용하는 일까지를 포함합니다.

그렇다고 빅데이터의 개념을 스스로 한정해서도 안 됩니다. 세계적인 컨설팅 기관인 맥킨지는 현재 빅데이터의 개념은 주관적으로 이해할 수밖에 없으며 앞으로도 계속 변화할 것이라고 했습니다. 그만큼 현재 빅데이터는 사람마다 생각하는 정의가 다를 정도로 빠르게 변화화고 있습니다.

빅데이터라는 말이 오늘날의 뜻과 비슷한 형태로 처음 쓰인 것은 무려 1989년부터입니다. 당시 베스트셀러 작가 에릭 라슨^{Eric Larson}이 『하퍼스 매거진』에 기고한 글에서 빅데이터를 처음 언급했습니다. 오늘날과 같은 의미의 빅데이터는 역시 인터넷과 SNS가 발달한 이후부터입니다. 2010년 구글의 회장 에릭 슈미트^{Eric Schmidt}가 한 학회에서 빅데이터를 이야기했습니다. 이후 2014년경에는 빅데이터 사용이 거의 상용화 단계에 이르게 됩니다. 그리고 지금 빅데이터는 4차 산업혁명의 정점 자리를 차지하고 있습니다.

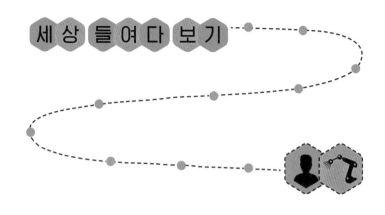

세 상 들 여 다 보 기

컴퓨터와 인터넷, 거기에 스마트폰까지 더해지면서 온라인 세상의 정보는 매초, 매분, 매시간, 매일마다 가히 폭발적으로 터져 나오고 있습니다.

전 세계는 지금,

매 초마다 2백 90만 개 이상의 이메일을 주고받습니다.

매 초마다 20시간 이상의 영상이 유튜브에 업로드됩니다.

매 초마다 아마존은 73개 이상의 물품을 주문받습니다.

트위터에서는 매일 5천만 건 이상의 트윗을 주고받고, 구글에서는 매일 24페타바이트[2] 이상의 데이터를 관리합니다.

인류는 과거부터 기존의 데이터를 바탕으로 정보를 얻어 내곤 했었는데 그때 주로 하던 방식은 설문조사나 여론조사였습니다. 그러다 정보화 시대를 맞이하면서 데이터가 폭발적으로 증가하자 이 데이터를 가공하여 정보를 만들어 내는 시대를 맞이하였습니다. 하지만 최근 SNS의 등장, 사물인터넷의 등장

페타바이트(Petabyte, PB): 페타란 1015을 뜻하는 말이다. 따라서 1PB=1015bytes= 1,000,000,000,000,000 bytes로 엄청난 양의 데이터를 뜻한다.

으로 이제 이 데이터가 너무 방대해져 기존의 방법이나 도구로 수집, 저장, 분석하기에는 어려운 시대가 되었습니다. 이른바 빅데이터 시대가 도래한 것입니다.

이제 빅데이터를 어떻게 가공하여 미래를 예측하는 데 사용하느냐가 중요한 화두로 떠오르게 되었습니다. 이를 위하여 빅데이터만의 특징을 알 필요가 있습니다. 빅데이터의 3대 특징은 다음과 같습니다.

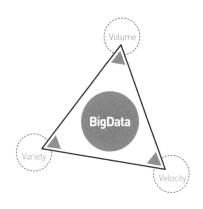

즉, 크기Volume, 속도Velocity, 다양성Variety입니다. 크기는 이미 구글 한 회사에서만 매일 24페타바이트 이상의 데이터를 관리하는 것으로 짐작할 수 있습니다. 속도는 빅데이터가 새롭게 생겨나는 엄청난 양의 빅데이터를 빠르게 처리하고 분석하는 능력을 말합니다. 중요한 빅데이터를 얻었다 하더라도 이것을 처리하는 속도가 느리다면 빅데이터라 할 수 없다는 이야기입니다(과거 인터넷의 등장으로 수많은 데이터가 나왔지만 빠르게 처리할 수 없었기에 빅데이터라 하지 않았습니다). 마지막으로, 다양성은 빅데이터의 종류가 매우 다양함을 뜻합니다. 당연히 빅데이터는 일상생활은 물론 정치, 사회, 경제, 문화를 총망라하므로 다양한 데이터일 수밖에 없습니다.

그렇다면 빅데이터는 어떤 방식으로 데이터를 처리하고 분석하는 것일까요? 이를 위해 빅데이터 플랫폼이란 개념을 이해해야 합니다. 빅데이터 플랫폼이란 빅데이터의 데이터를 수집 – 저장 – 처리 – 관리 등의 과정을 잘 수행하도록 해 주는 환경을 말합니다.

빅데이터 플랫폼

| 빅데이터 수집 | 빅데이터 저장 | 빅데이터 처리 | 빅데이터 관리 |

빅데이터의 기술 중 가장 중요한 핵심 기술은 빅데이터 플랫폼의 과정 중 '처리' 단계에서 찾을 수 있습니다. 과연 빅데이터는 어떻게 데이터를 처리할까요? 빅데이터는 다양한 데이터를 먼저 독립된 형태로 나누고 이를 병렬[3]적으로 처리합니다. 이를 병렬처리라 하는데 문제 하나를 다시 여러 개의 작은 단위로 나눈 후 마지막에는 하나의 결과를 만들어 내는 것입니다.

이렇게 빅데이터 플랫폼을 통하여 만들어진 자료는 이제 분석 과정을 거쳐 각 분야에서 활용됩니다. 빅데이터가 활용되는 분야는 거의 모든 분야라 해도 과언이 아닐 것입니다. 당장 구글

병렬: 여럿이 나란히 늘어서는 것을 말하는데 이때 일렬이 아닌 여러 열로 서는 것을 말한다.

플레이스토어에 '빅데이터'를 검색하면 맛집부터 부동산, 펀딩, 스포츠, 언어 등 거의 쓰이지 않는 분야가 없음을 알 수 있습니다. 그래서 빅데이터를 미래의 금광이라 표현하는 것이죠.

빅데이터가 사용된 구체적 사례를 소개하면 싱가포르의 '교통량 예측 시스템'을 들 수 있습니다. 싱가포르는 극심한 교통체증을 줄이기 위해 빅데이터를 이용하여 교통량 예측 시스템을 도입하였습니다. 그 결과 85% 이상이 들어맞았고, 빅데이터가 싱가포르의 교통체증을 줄이는 데 기여하였습니다.

다음 그림을 보면 빅데이터가 우리 생활은 물론 4차 산업혁명에서 어떤 위치에 있는지 짐작할 수 있을 것입니다.

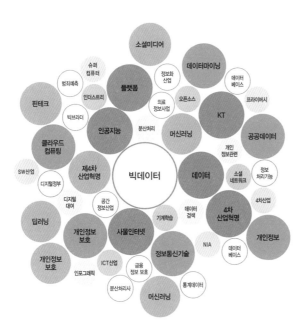

핀테크(fintech): '금융(finance)' 과 '기술(technology)'이 결합한 서비스 또는 그런 서비스를 하는 회사를 가리키는 말이다.

클라우드 컴퓨팅(Cloud Compu -ting): 인터넷상의 서버를 통하여 IT 관련 서비스를 한번에 사용할 수 있는 컴퓨팅 환경

어떤가요? 이미 우리 생활 깊숙이 들어와 있는 소셜미디어, 핀테크[4] 등부터 시작하여 4차 산업혁명의 핵심 기술들이라 할 수 있는 인공지능, 사물인터넷, 클라우드 컴퓨팅[5] 등 모든 것이 빅데이터를 바탕으로 만들어지고 있다는 사실을 알고 있었나요? 결국 인공지능도 빅데이터 정보를 바탕으로 딥러닝을 일으켜 새로운 지능을 만들어 내는 것입니다.

이미 4차 산업혁명의 선두에 서서 혁명을 이끌고 있는 빅데이터이기에 단지 맹종하기보다 문제가 없나 살펴보는 것도 중요할 것입니다.

빅데이터는 대통령을
예언할 수 있을까

그야말로 빅데이터의 시대를 실감한다! 이미 빅데이터를 바탕으로 사회현상을 다루는 방송들이 쏟아져 나오고 있고 빅데이터와 관련된 각종 직업들도 속속 생겨나고 있다. 빅데이터 관련 자격증까지 나와 있으며 그것으로 취업에 성공했다는 소식도 이곳저곳에서 들려오고 있을 정도이다.

대부분의 전문가는 이미 시작된 빅데이터가 미래 세상을 지배할 것이라 예상한다. 이미 정치, 경제, 사회, 문화 전방위적으로 영향을 미치고 있다. 정부도 이를 인식하고 빅데이터 산업 지원 계획을 발표한 바 있다. 데이터 경제 활성화를 위해 2019년까지 1조 원을 투자한다는 계획을 발표했으며, 빅데이터를 비롯한 4차 산업혁명의 핵심 기술 발전을 위해 2020년에는 4조 7,100억 원을 투자한다는 발표를 하기도 했다.

그러나 몇몇 전문가는 빅데이터가 새로운 기술이긴 하지만 아직 문제점이 많다고 지적하고 있다. 무엇보다 실제 공간이 아닌 가상공간에 떠도는 정보를 바탕으로 하기에 충분히 실제와 다른 오류가 생길 수 있음을 지적한다. 예를 들어, 실제의 나는 부정적인 마음을 먹고 있으면서도 가상공간에는 체면상 긍정적인 정보를 올릴 수 있다. 이 경우 데이터 자체가 오염된 데이터가 된다. 이 오염된 데이터를 가지고 분석할 때 결과로 나온 정보 또한 실제와 다를 수 있다. 한편, 빅데이터의 가장 심각한 문제는 사생활 침해 부분이다. 그동안 개인정보 유출을 심각한 사회현상 중 하나로 꼽아 왔는데 빅데이터는 그 중심에 서 있다.

빅데이터가 인류에게 큰 이익을 안겨 줄 것이 확실하지만 마치 환경오염 문제처럼 또 다른 어둠의 그림자가 도사리고 있는 것이다. 이 문제를 해결하기 위해 최고의 권위를 가진 공중파 KBC 방송의 '99분 토론'에서 긴급 편성 토론을 열게 되었다.

사회자 — 오늘은 최근 우리 사회를 뜨겁게 달구고 있는 빅데이터 문제를 가지고 토론을 진행하도록 하겠습니다. 현 단계에서 인터넷이나 SNS를 검색해 보면 대다수가 빅데이터에 대해 긍정적이며 희망에 부풀어 있는 것처럼 보이지만, 빅데이터로 인해 생기는 부작용에 대해 걱정하는 사람들도 있는 것이 현실입니다. 이에 저희 99분 토론에서는 빅데이터에 대해 긍정적 입장을 가지신 빅데이터연구소 신문재 소장님, 한국대 정보학과 정진기 교수님, 그리고 부정적 입장을 가지신 한국신문 이경재 기자님, 정보데이터연구소 이진수 연구

원님을 모시고 토론을 진행하도록 하겠습니다. 먼저, 양측의 입장을 들어 보도록 하겠습니다.

신문재 —— 우리가 살면서 가장 중요한 것 중 하나가 경제적 성공일 것입니다. 내가 이 장사 또는 사업을 했을 때 성공 가능성이 있을까, 내가 이 영화를 만들었을 때 관객들이 많이 보러 올까, 내가 쓴 소설이 독자들에게 통할까, 질병의 미래는 어떻게 될까 등등……. 만약 이것을 예측할 수 있다면 우리의 비용은 지금보다 훨씬 줄어들 것입니다. 하지만 현실은 안타깝게도 한 치 앞의 미래도 예측하지 못하며 불확실한 현재를 살아가고 있을 뿐입니다. 그런데 만약 높은 확률로 미래를 예측하고 정확하게 대처할 수 있다면 어떻게 될까요? 실수나 실패를 줄일 수 있는 획기적 세상이 열릴 것입니다. 빅데이터는 바로 이전보다 높은 확률의 예측과 정확한 대처를 위해 탄생한 것입니다. 따라서 우리 사회에 미칠 경제적 파급효과는 상상을 초월할 것이라고 생각합니다. 이미 그런 세상이 펼쳐지고 있기도 하고요.

이경재 —— 역사상 인류의 가장 큰 실수는 증기기관을 발명한 것이라고 생각합니다. 산업발전의 토대가 된 증기기관 발명을 실수라 이야기하니 의아해하실 테지만, 이면을 들여다보면 그렇지 않습니다. 증기기관의 발명은 분명 전근대적 사회를 현대 기계문명 사회로 이끄는 데 결정적 역할을 했습니다. 하지만 이후 수많은 동력기관으로 인해 환경오염이라는 새로운 변수를 맞이했습니다. 문명의 이기는 인류를 편리하고 풍요롭게 이끌었지만 환경오염은 인류의 생명을 위협하고 있습니다. 크게 볼 때 어떤 게 더 치명적일까요? 어리석게도 인류는 편리와 풍요를 위해 가장 소중한 생명을 담보로 던졌던 것입니다. 저는 빅데이터 문제도 마찬가지 재앙이 될 수 있다고 생각합니다. 물론 빅데이터의 경제적 효용성에 대해서는 누구도 이의를 제기할 수 없습니다. 하지만 인류에게 이롭다고 여겨지는 새로운 무언가가 나타났을 때 명만 존재했던 적은 한번도 없습니다. 명 뒤에는 항상 암이 존재했습니다. 이익과 손해가 동시에 나타난다는 뜻입니다. 빅데이터 역시 양날의 칼처럼 이익과 손해가 함께 존재합니다. 중요한 것은 두 개 중 어떤 것이 더 큰지 따져서 환경오염의 문제처럼 더 큰 손해를 선택하지 않아야 한다는 사실입니다.

주제 1
빅데이터의 예측은 얼마만큼 믿을 수 있는가

사회자 — 아! 처음부터 치열한 열기가 느껴집니다. 빅데이터의 가치는 알겠는데 그 이면에 문제도 있다는 말씀이시군요. 그렇다면 먼저 빅데이터라는 게 결국 예측과 대처를 위해 존재하는 것인데 얼마만큼 빅데이터를 믿을 수 있는지가 궁금하다는 생각이 들었습니다. 만약 틀린 예측을 한다면 틀린 대처를 할 수밖에 없으니까요. 먼저 이 주제로 정 교수님이 포문을 열어 주시기 바랍니다.

정진기 — 빅데이터의 예측 능력에 대해 전체적 통계는 아직 나온 게 없으니 부분적 통계 사례를 가지고 말씀드리겠습니다. 2014년 미국에서는 빅데이터를 바탕으로 개인의 약물중독에 관한 연구를 실시했는데 그들은 단지 페이스북의 게시글과 좋아요만을 분석하여 여성을 나타내는 'girl', 'woman'이나 기분을 나타내는 'up', 'down'이 알코올중독과 강한 상관관계가 있음을, 분노를 나타내는 'hate', 'kill'이나 건강과 관련된 'clinic', 'pill'은 약물중독과 강한 상관관계가 있음을 밝혀냈습니다. 또 담배, 알코올, 의약품 중독에 관한 사실을 각각 86%, 81%, 84%의 정확도로 밝혀내는 성과를 이뤄 냈습니다. 한편, 2014년 브라질 월드컵 때 독일이 우승했는데 이 역시 빅데이터가 이뤄 낸 쾌거로 알려져 있습니다. 당시 독일축구연맹^{DFB}은 독일 대표팀을 위해 특별히 '매치 인사이트'란 소프트웨어를 제작했습니다. 독일 선수들의 무릎과 어깨에 센서를 부착한 후 모든 정보를 기록한 다음 수집된 빅데이터를 분석하여 각 선수에게 적용한 것입니다. 무엇보다 브라질 월드컵 때 '블룸버그스포츠'가 우리나라 성적에 대한 빅데이터를 분석한 결과 한국이 1무 2패로 16강 진출에 실패할 것이라는 예측을 내놓았는데 정확히 들어맞았습니다. 이 외에도 빅데이터를 적용하여 성공한 사례는 무수히 많습니다.

이진수 ── 물론 빅데이터가 유용하게 쓰이는 부분에 대해서는 저도 부정하지 않습니다. 하지만 빅데이터를 신뢰할 수 있는가 하는 부분으로 들어가면 저는 생각이 약간 다릅니다. 모두가 빅데이터가 대단하다 떠들지만 실제 빅데이터가 확률적으로 이전의 여론조사나 설문조사보다 더 낫다는 통계결과가 별로 눈에 보이지 않습니다. 당장 정 교수님이 제시한 개인의 약물중독에 관한 연구도 허점이 있습니다. 과거의 설문조사 방식보다 높게 나왔다고 하셨는데 제가 조사해 보니 그 연구는 빅데이터만으로 분석한 것이 아니라 설문조사 방식과 병행하여 진행했던 것이었습니다. 또 연구결과가 86%, 81%, 84%의 정확도로 나왔다고 하셨는데 그 수치는 설문조사 방식으로만 하던 과거보다 조금 높기는 하나 그리 높아 보이지도 않습니다. 무엇보다 빅데이터를 이야기할 때 성공사례만 이야기하지 실패사례를 잘 이야기하지 않는데 실패사례도 얼마든지 있다는 사실을 알아야 할 것입니다.

신문재 ── 물론 말씀하신 대로 빅데이터가 신과 같은 존재는 아닙니다. 결국 예측하는 것이기에 확률을 따질 수밖에 없고 개인 견해로는 70% 이상의 확률이라면 그것은 가치가 있다고 생각합니다. 게다가 과거의 설문조사나 여론조사와 같이 큰 비용과 시간을 들이지 않고도 쉽게 결과를 뽑아낼 수 있습니다. 또 개인의 약물중독에 관한 연구에서 과거 방식보다 확률이 크게 높지 않다고 하셨는데 과거 설문조사 방식의 경우 설문에 임하는 사람의 심리에 따라 거짓으로 답을 작성할 수 있는 문제가 있었습니다. 하지만 빅데이터는 심리적 영향에 상관없이 나온 데이터이기에 더 가치가 있다고 생각합니다.

이경재 ── 물론 그런 점은 빅데이터가 유의미하다 할 수 있으나 그건 빅데이터를 완전히 신뢰할 수 있느냐 하는 것과는 또 다른 문제라고 생각합니다. 빅데이터를 신뢰하기 위해서는 빅데이터가 정확해야 할 것입니다. 그래서 최근 빅데이터의 새로운 속성인 정확성veracity을 높이는 기술이 중요한 화두로 떠오르고 있습니다. 예를 들어, 빅데이터가 미래를 예측하는 방법은 방대한 데이터의 양을 분석하여 일정한 패턴을 추출해 내는 방식입니다. 하지만 이 방식은 허점이 있습니다. 만약 방대한 데이터 중 오염된 데이터가 있다면 그것으로 밝혀낸 일정한 패턴에도 신뢰가 깨지게 됩니다. 저만 해도 페이스북이나 블로그를 이용할 때 온라인 친구들을 의식하여 제 마음과는 달리 그곳의 문화에 맞게 격식을 차리게 됩니다. 제 마음이 100% 반영되지 않는 것입니다. 문제는 데이터가 많아질수록 오염된 데이터 양도 더 많아질 수밖에 없다는 데 있습니다. 따라서 빅데이터를 분석하는 데 있어 먼저 데이터가 정확한 것인지부터 선별하는 작업이 필요하다고 생각합니다. 빅데이터의 모든 데이터를 활용할 수 없다는 이야기를 하는 것입니다. 그러므로 빅데이터는 어느 경우 맞을 수도 있지만 어느 경우 틀릴 수도 있습니다.

정진기 — 빅데이터를 그런 시각으로 바라보는 것은 위험하다고 생각합니다. 빅데이터는 단지 페이스북 글이나 블로그 글만을 데이터로 삼지 않습니다. 사람들의 현재 관심사를 나타내는 각종 검색어, 내면의 심리를 나타내는 좋아요, 심지어 사물인터넷으로 연결된 각종 기기가 보내오는 신호까지 모조리 데이터로 삼습니다. 특히 검색어 같은 경우 대개 자신의 두려움, 욕망, 본성 등이 다 담기게 마련입니다. 인간이 의식적으로 활동할 때는 내면을 숨기고 거짓을 드러낼 수 있겠지만, 이 모든 활동 중에는 내면의 무의식도 드러나게 됩니다. 즉, 빅데이터에 걸려들지 않는 인간의 활동은 거의 없게 되는 것입니다.

이진수 ── 그럼에도 비록 작다 하더라도 오염된 데이터를 막을 수 없는 문제는 해결해야 한다고 봅니다. 미꾸라지 한 마리가 물을 흐리는 법이거든요. 게다가 문제는 또 있습니다. 빅데이터가 주로 대상으로 삼는 인터넷이나 SNS 사용자가 20~30대에 몰려 있다는 사실입니다. 이 경우 전체 세대의 의견이 골고루 반영되어야 할 정치, 경제 같은 분야의 예측은 한계를 가질 수밖에 없습니다.

주제 2
빅데이터의 윤리적 문제는 어떠한가

사회자 ── 오염된 데이터에 대해서는 별로 생각해 보지 않았는데 듣고 보니 그럴 수도 있겠다는 생각이 듭니다. 결국 빅데이터에도 한계가 있다는 이야기인데 이와 관련하여 이번에는 빅데이터의 윤리적 문제에 대해 이야기를 나눴으면 합니다. 과거 빅데이터를 신봉했던 『뉴욕타임스』의 한 기자가 빅데이터의 실체를 알아채고 빅데이터가 비인간적이라고 꼬집었는데 도대체 빅데이터에 어떤 윤리적 문제가 있는 것입니까? 이번에는 반대측에 있는 이경재 기자님부터 말씀해 주시기 바랍니다.

이경재 ── 사실 빅데이터의 윤리적 문제는 좀 심각합니다. 우리는 우리가 쓰는 인터넷이나 SNS 내용들의 비밀이 내 컴퓨터나 스마트폰에만 있지 외부에 유출되지 않을 거란 믿음을 갖고 있지만 실상 그렇지 않습니다. 내가 쓰는 인터넷 검색어나 SNS 내용들은 빠짐없이 관련 회사로 넘어갑니다. 이뿐만이 아닙니다. 빅데이터는 사물인터넷과도 연결되어 있어 내가 어딜 가고 누구를 만나는지, 어떤 음식을 먹고 어떤 운동을 하는지, 야간에 무엇을 하고 잠은 얼마나 어떻게 자는지, 어떤 것을 즐기고 좋아하는지 하나하나 낱낱이 기록되어 보고되고 있습니다. 이런 일이 일어나는 이유는 이 모든 데이터를 빅데이터로 활용하기 위함입니다. 아마도 이 사실을 몰랐던 사람들이 이걸 알게 된다면 충격을 받게 될지도 모르겠습니다. 내 비밀이 다 노출되는 것 같으니 말입니다. 불과 얼마 전까지만 해도 개인정보 유출을 걱정하던 사회 분위기였는데 빅데이터에게만은 이처럼 관대하다는 게 이해가 되지 않습니다.

사회자 —— 말씀을 듣고 보니 갑자기 얼굴이 후끈 달아오르는 것 같습니다. 내 모든 것이 노출되고 있다니 신 소장님. 이 말이 사실입니까?

신문재 —— 네, 틀린 말은 아니지만 오해의 소지가 있어 개인정보의 범위에 대해 좀 말씀드려야 할 것 같습니다. 개인 데이터는 크게 다음과 같이 구분할 수 있습니다. 개인 데이터를 구분하면 크게 위치, 라이프스타일, 관심, 사회정보, 결제정보 등으로 구분할 수 있습니다. 다음 표를 참고하시고요.

▪ 개인 데이터의 종류
- **위치**: 실시간 위치, 주요 동선 등
- **라이프스타일**: 남/녀, 나이, 행동패턴 등
- **관심**: 좋아하는 음식, 영상, 책 등
- **사회정보**: 개인정보, 전화번호, SNS 정보 등
- **결제정보**: 어디서 얼마를 썼는지 등

이 개인정보들 중 법적으로 보호받아야 할 개인정보는 「개인정보 보호법」에 나와 있는데요. 성명, 주민등록번호 및 영상 등을 통해 개인을 알아볼 수 있는 정보 등입니다. 나머지 전화번호나 은행 번호 등은 관련 회사와 개인정보 보호 약속을 맺는 것이지 국가가 책임질 개인정보는 아닌 것입니다. 따라서 앞서 제시한 개인 데이터 중 사회정보의 개인정보 외 대부분은 「개인정보 보호법」의 보호를 받지 못하는 영역들입니다. 따라서 빅데이터는 이런 정보들을 종합하여 데이터로 사용하는 것이기 때문에 법적 하자는 없다는 말씀을 드립니다.

이진수 —— 법적 하자는 없다 하더라도 윤리적 문제는 분명히 해결해야 할 문제입니다. 소비자 입장에서는 분명 불쾌한 일이 아닐 수 없습니다. 그동안 우리 사회가 개인정보 유출로 얼마나 심한 고통을 받았습니까? 그런데 빅데이터를 위해 노출되는 이 정보들도 개인의 입장에서 볼 때는 엄연한 개인정보이고 감추고 싶은 사생활입니다. 개인은 그것이 노출되는 충격을 느끼게 되는 것입니다.

이경재 —— 제가 한마디 더 곁들이면, 정부가 개인의 빅데이터를 마음대로 사용하는 부분도 심각합니다. 정부 역시 사회현상, 정치, 경제 등의 문제해결을 위해 빅데이터를 이용합니다. 그런데 빅데이터의 사생활 침해 문제가 나오면 정부는 뒷짐만 지고 있습니다. 결국 이 문제는 정부가 나서야 해결될 수 있는 것인데 정부마저 개인의 사생활을 침해하고 있으니 이 문제가 해결되지 않는 것입니다.

정진기 — 이 부분에 대해 저는 생각이 좀 다릅니다. 정말 보호되어야 할 중요한 정보는 빅데이터 역시 접근할 수 없습니다. 암호화되어 있기 때문입니다. 나머지 중요한 전화번호 같은 것도 개인이 동의할 때만 이용할 수 있습니다. 그 외 사생활 관련 정보들이 문제인데 단지 그것을 자신만 갖고 있는 것보다 더 나은 삶을 위해 활용하는 것이 보다 생산적인 삶이 되지 않을까요.

주제 3

빅데이터의 문제점은 해결방법이 있을까

사회자 — 저는 그냥 정보 소비자 입장에서 판단하는 건데요. 물론 저의 사생활 정보를 활용하여 더 나은 삶을 사는 것도 좋지만 제 생각엔 사생활 침해에 대해 걱정하는 분들이 더 많을 것 같습니다. 따라서 마지막 주제는 이런 빅데이터의 문제를 해결하는 방법에 대해서 논의했으면 합니다. 신 소장님, 무슨 좋은 방법이 있을까요?

신문재 — 저 역시 현재의 빅데이터가 사생활을 침해하는 부분에 대해서는 차후 빅데이터 기술이 해결해야 할 과제라 생각하고 있습니다. 걱정되는 것은 그렇게 해서 상당 부분 개인정보를 제한해 버리면 그만큼 빅데이터의 양이 줄어들 것이란 사실입니다. 그렇게 되면 빅데이터가 양질의 결과물을 도출해 내기 어려워질 수도 있습니다.

이경재 — 이것이 바로 제가 처음에 이야기했던 빅데이터의 양날의 칼인 것입니다. 빅데이터가 아무리 좋다 해도 거기엔 분명 더 큰 문제가 도사릴 수 있다는 이야기입니다. 그것이 바로 사생활 보호 문제인 것이고요. 이 문제가 해결되기 위해서는 결국 정부가 나서야 합니다. 현재 「개인정보 보호법」을 개정하여 사생활 침해보호법까지로 확장시켜야 사생활 보호문제가 해결될 수 있을 것입니다. 즉, 개인정보 보호의 범위를 지금보다 더 늘릴 뿐 아니라 개인의 사생활 정보를 이용할 시 반드시 개인의 동의를 받아야 하는 법을 제정해야하는 것이죠.

신문재 ── 그렇게 되면 정말로 빅데이터 산업은 위축될 수밖에 없습니다. 빅데이터 기술의 핵심이 방대한 데이터인데 그게 줄어들게 되니까요. 빅데이터 산업은 오랫동안 침체되었던 세계 경제를 살리는 신성장 동력으로 탄생했습니다. 물론 사생활 보호 문제가 양날의 칼이긴 하지만 어느 것이 더 이익인지 판단하여 결정해야 한다고 봅니다. 물론 지금보다 개인정보 보호 영역을 조금 더 확장시키는 것은 어쩔 수 없다고 생각합니다. 하지만 모든 개인정보에 대해 개인의 동의를 구해야 하는 부분은 위험해 보입니다.

이진수 ── 당장 개인정보를 틀어막아 빅데이터 산업에 피해를 끼치는 것도 정답은 아니라고 생각됩니다. 빅데이터 산업에 대한 영향을 최소화하는 선에서 정부가 사생활 보호법을 만들어 줘야 할 것입니다. 물론 개인의 노력도 필요합니다. 인터넷이나 SNS에 꼭 필요한 개인정보만 올리는 노력이 필요합니다. 사생활 침해에 대한 개인적 견해가 다르기 때문에 스스로 문제가 있다 싶은 정보는 올리지 않는 습관을 가지는 것이 중요합니다. 또 쉽게 정보를 소비하기 위해 함부로 개인정보 이용에 동의해 주는 버릇도 고쳐야 합니다. 나는 쉽게 승인을 누르지만 그순간 내 개인정보는 다 노출되고 마는 것입니다.

정진기 — 좋은 의견이라고 생각합니다. 우리가 꼭 알아야 할 것은 지금 빅데이터라는 기술이 완전히 어른이 된 상태가 아니란 사실입니다. 이제 조금 자란 어린아이 수준에 불과하기에 지금 우리가 걱정하는 문제들은 어른이 되면서 충분히 해결될 것이라고 생각합니다. 중요한 것은 어린아이가 자라려 하는데 그걸 막아서는 안 된다는 사실입니다.

마무리 발언

사회자 — 여러분의 의견 충분히 알겠습니다. 4차 산업혁명 기술들을 토론하면서 느끼는 점은 아직 확실한 것이 하나도 없다는 사실인 것 같습니다. 그만큼 4차 산업혁명은 진행 중에 있기 때문이겠죠. 이제 시간이 다 되었으니, 양측에서 각자 한 분씩 마무리 발언을 부탁드리겠습니다.

신문재 — 토론 과정에서 빅데이터 산업의 가능성에 대해 알리게 되어 소중한 시간이었습니다. 물론 빅데이터 기술은 아직 완성된 것이 아니기에 넘어야 할 문제도 있습니다. 그럼에도 빅데이터 기술은 획기적이기 때문에 앞으로 크게 발전하여 침체된 우리나라 경제를 살리는 초석이 되었으면 하는 바람을 가져 봅니다.

이경재 — 빅데이터 기술과 산업이 대단하다는 것은 저도 인지하고 있습니다. 그럼에도 너무 중요한 윤리적 문제가 해결되지 않고 있는 점에는 아쉬움을 표할 수밖에 없습니다. 속히 이 문제가 해결되는 날이 오길 기대해 봅니다.

사회자 — 오늘 끝까지 빅데이터에 관한 토론을 지켜봐 주신 여러분께 감사의 말씀을 드립니다. 다음 시간에는 우리의 관심사인 사물인터넷에 관한 토론이 진행될 예정이니 관심 가져 주시기 바라며 오늘 토론 마치도록 하겠습니다.

주제 넓히기

빅데이터와 빅브라더

▲ 빅데이터 시스템은 내가 기록하고 행동하는 모든 것을 빅데이터가 감시하여 그것을 데이터로 이용하는 구조를 갖고 있다.

빅브라더는 조지 오웰의 소설 〈1984〉에 나오는 정체 모를 독재자의 이름입니다. 그는 모든 정보를 감시하고 독점함으로써 동물들을 통제하는 권력을 휘둘렀습니다. 그래서 빅브라더는 이런 의미의 대명사로 사용되고 있습니다. 역사적으로 볼 때 독재자들은 주로 빅브라더를 이용하여 국민들을 자신의 뜻대로 통제하는 데 이용하였습니다.

그런데 빅데이터가 빅브라더가 될 수도 있다는 말이 나돌고 있습니다. 소수의 의견이긴 하지만 알아 둘 필요는 있을 것 같습니다.

빅데이터 시스템은 내가 기록하고 행동하는 모든 것을 빅데이터가 감시하여 그것을 데이터로 이용하는 구조를 갖고 있습니다. 그런데 이때 감시란 두 가지 종류가 있습니다. 하나는 나를 잘 보호해 주기 위해 감시하는 것입니다. 다른 하나는 빅브라더처럼 나를 통제하기 위한 수단으로 나를 감시하는 것입니다. 여러분이 보기에 빅데이터는 이 둘 중 어떤 목적으로 나를 감시하고 있다고 생각하나요?

만약 내 정보를 이용한 빅데이터가 내 삶에 더 도움을 주기 위해 나를 감시한다고 생각하면 그것은 좋은 의미의 감시가 되므로 사생활 침해에 대해 그다지 저항감을 느끼지 않을 것입니다. 하지만 빅데이터가 통제를 위해 나를 감시한다고 생각하면 그 순간 빅데이터는 빅브라더가 되어 나를 공격하는 괴물이 되고 말 것입니다.

마무리
하기

빅데이터는 대통령을 예언할 수 있을까

1. 다음 빅데이터에 관한 토론 내용을 보고, 각 주장에 관한 근거를 정리해 적어 보세요.

빅데이터는 대통령을 예언할 수 있을까?

	긍정적이다	부정적이다
빅데이터의 예측은 얼마만큼 믿을 수 있는가?	기존 방법보다 더 맞을 확률이 높다. 근거 :	오염된 데이터가 있으므로 틀릴 수도 있다. 근거 :
빅데이터의 윤리적 문제는 어떠한가?	윤리적 문제보다 생산성이 더 큰 것에 주목해야 한다. 근거 :	사생활 침해라는 심각한 문제가 있다. 근거 :
빅데이터의 문제점은 해결방법이 있을까?	빅데이터 산업에 피해를 주지 않는 범위에서 개인정보 영역을 늘릴 수 있다. 근거 :	사생활 보호법을 강화해야 한다. 근거 :

2. 빅데이터에 관한 본인의 입장을 적어 보세요.

◆ 생각 더하기 218쪽을 참고하세요!

▲ **빈센트 반 고흐**(1853~1890년), **〈아를의 별이 빛나는 밤〉, 1889년.** 우리가 알고 있는 고흐의 대표작들은 대부분 그의 생애 마지막 2년 동안 프랑스 남부의 아를에서 그려진 작품들이 많다. 아를의 강물에 반짝이며 밤하늘을 수놓은 수많은 별이 마치 빅데이터의 수많은 데이터와 오버랩되는 이유는 무엇일까.

- 쟁점 6 -

사물인터넷

— 사물인터넷은 모든 사물을 연결할 수 있을까

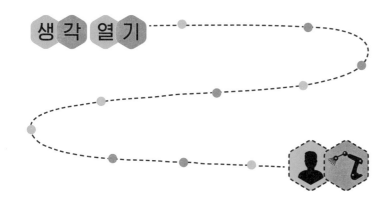

요즘은 가장 소중한 물건 1위가 대부분 스마트폰일 것입니다. 그런데 그 스마트폰을 잃어버렸을 때의 느낌이란! 겪어 본 사람들만 알 것입니다. 그때 퍼뜩 스마트폰에 센서가 있어 어디 있는지 알 수 있다면, 이런 걱정할 필요도 없을 텐데 하는 생각이 들 때가 있습니다.

▲ 사물인터넷(IoT)이란 스마트폰은 물론 우리 생활과 관련된 모든 것을 인터넷으로 연결하는 것을 말한다.

조만간 이런 세상이 올 전망입니다. 바로 사물인터넷의 등장 때문인데요. 사물인터넷이란 스마트폰은 물론 우리 생활과 관련된 모든 것, 이를 테면 자동차, 냉장고, 세탁기, 시계, 심지어 가방, 반지까지 모든 사물을 인터넷으로 연결하는 것을 말합니다. 약자로 사물인터넷Internet of Things을 IoT라고도 합니다. 이 기술이 현실화된다면 당장 물건을 잃어

버렸을 때의 문제가 해결될 수 있을 것입니다. 내 방의 PC에 있는 인터넷을 통하여 잃어버린 스마트폰의 위치, 반지의 위치를 찾아낼 수 있을 것이니 말입니다.

사물인터넷 기술은 이미 4차 산업혁명의 핵심 기술로 이미 우리 사회에 상용화되어 쓰이고 있는 기술입니다. 마이크로 소프트는 사물인터넷 기술에 대하여 2021년까지 전체 기업의 94%가 사용하게 될 것으로 전망해 사물인터넷 기술이 보편화되는 시대가 올 것을 예고했습니다. 더욱이 인터넷 통신도 5G[1] 시대가 열리면서 사물인터넷의 전망을 더욱 밝게 하고 있습니다. 사물인터넷이 현실화된다면 스마트홈, 스마트카, 스마트오피스가 가능해질 것입니다.

하지만 사물인터넷 기술에 대한 우려의 시각도 있습니다. 언뜻 생각하기에 사물인터넷은 이미 상용화되고 있으므로 모든 사물에 인터넷을 연결하기만 하면 될 것처럼 보입니다. 하지만 여기에 기술적 한계가 도사리고 있습니다.

첫째, 사물과 사물에 사물인터넷을 연결하기 위해서는 네트워크 연결용 칩과 컴퓨터의 크기가 충분히 작아야 하는데 아직 그 기술이 부족한 상태입니다.

둘째, 이 문제가 해결되더라도 사물과 사물끼리의 호환성 문제가 해결되지 않은 상태입니다. 한 집에서 같은 회사 제품만 쓴다면 모르겠지만 선호도에 따라, 가령 냉장고는 삼성, 세탁기는 LG, 스마트폰은 애플 등 각각 쓰는 경우가 대부분입니

5G: 5세대 이동통신. 최대 속도가 20Gbps에 달하는 이동통신 기술로, 4세대 이동통신인 LTE에 비해 속도가 20배가량 빠르고, 처리 용량은 100배 많다.

다. 서로 다른 회사의 제품들은 사물인터넷으로 호환되지 않습니다. 심지어 한 회사의 제품들도 호환되지 않는 제품들이 존재합니다.

셋째, 기술적 한계 외에 보안상의 문제도 남습니다. 만약 사물인터넷으로 연결된 시스템이 해킹을 당할 경우 편리하고자 만든 스마트홈은 도둑의 소굴이 될 수도 있습니다.

사물인터넷의 시초는 유비쿼터스에서 왔습니다. 2000년대 초반 갑자기 유비쿼터스Ubiquitous 열풍이 분 적이 있습니다. 유비쿼터스란 '언제 어디서나 존재한다'는 뜻의 라틴어로 모든 사물을 네트워크로 연결하여 시간과 장소에 관계없이 다양하게 이용할 수 있게 하는 기술을 뜻했습니다. 그때 사람들은 신기하게 들으며 과연 그런 세상이 올까 의심했습니다. 아니나 다를까, 얼마 지나지 않아 유비쿼터스는 곧 사라지고 말았습니다. 아무리 꿈과 이상이 뛰어나도 기술적, 사회적 한계를 이기지 못하면 결국 도태된다는 사실을 증명한 셈이었습니다.

그런데 스마트 시대의 도래와 함께 유비쿼터스는 사물인터넷이란 다른 이름으로 다시 등장했습니다. 그런데 이름만 다를 뿐 그 내용은 거의 똑같습니다. 그래서 사람들은 사물인터넷 시대가 올까 반신반의하며, 그때의 전철을 되밟지 않았으면 하는 마음으로 지켜보고 있습니다.

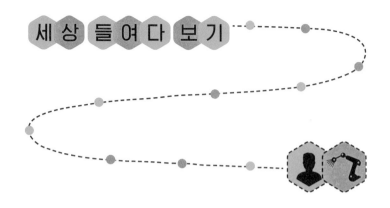

사물인터넷의 위력은 단지 사물들이 서로 인터넷으로 연결된 것에 그치지 않습니다. 센서 기능을 이용하여 사물과 사물끼리 데이터를 주고받거나 처리하는 기능까지 할 수 있습니다.

2000년대 초반 유비쿼터스가 처음 나왔을 때 냉장고와 전자레인지는 서로 정보를 주고받으며 일을 처리하는 장면을 보여 준 적이 있습니다. 피자를 조리하기 위해 전자레인지는 냉장고에게 요리 재료가 충분한지를 물어보고, 재료가 확인되면 돼지고기에 컴퓨터 칩이 심어지며, 이 칩이 스스로 전자레인지의 온도와 시간을 조절해 최적의 상태로 요리를 한다는 것입니다. 유비쿼터스는 사물인터넷이라는 이름으로 다시 세상에 등장했지만 아직 유비쿼터스가 꿈꾸었던 이 정도 기술에까지는 도달하지 못한 상태입니다.

하지만 사물인터넷은 그 꿈에 점점 더 가까이 다가가고 있는 중입니다. 현재 사물인터넷 기술은 사물과 사물을 인터넷으로 연결하는 수준까지는 와 있습니다. 대표적인 것이 사물인터넷이 연결된 가전제품입니다. 이것은 이미 시판되고 있는 것으로, 예를 들어 삼성전자의 가전제품을 내 스마트폰의 사물인터넷 앱과 연결시킬 수 있습니다. 그러면 내가 바깥에 있을 때도 사물인터넷 앱을 통하여 세탁기, 냉장고를 작동시킬 수 있는 것이죠.

또한 사물인터넷은 조종하는 사람과 자동차를 인터넷으로 연결해 자동차에 타지 않고도 자동차를 움직이게 하는 무인자동차 개발에도 한몫하였습니다.

중국의 바이두라는 기업은 사물인터넷 기술을 적용하여 센서가 달린 젓가락을 개발했습니다. 이 젓가락은 음식의 온도, 부패 여부, 산성도 등을 분석해 스마트폰으로 정보를 전송해 주는 기능이 있습니다.

미국의 레인포레스트커넥션 재단은 숲속의 나무에 사물인터넷을 연결하여 불법 벌목을 감시할 수 있도록 했습니다.

삼성전자, LG전자, 구글, 아우디 등 세계적인 기업들이 앞다투어 사물인터넷 기술 개발에 앞장서고 몇몇 제품은 상용화까지 이루고 있는 상태입니다.

다음은 사물인터넷 기술을 적용하여 성과를 낸 예들입니다.

실제 일본의 아사히 텟코라는 기업은 노후화된 공장에 사물인터넷 기술을 도입하여 스마트 팩토리로 전환하는 투자를 감행하였습니다. 그 결과 생산량이 69% 증가하고, 불량률이 20분의 1로 감소하는 성과를 얻어 냈습니다.

▲ 사물인터넷을 스마트폰과 연결할 때 만족도가 높은 것으로 나타났다.

사물인터넷 기술을 양식업에 적용한 기업도 있었는데 안덱스ANDEX라는 기업이 그 주인공입니다. 안덱스는 사물인터넷 기술을 적용한 어장 감시시스템 우미미루를 개발하여 적용하였는데 수확량이 늘어나고 서비스 계약이 증가하는 성과를 거두었습니다.

물류 서비스를 하는 닛폰익스프레스Nippon Express라는 기업은 사물인터넷 센서로 모든 화물의 정보를 파악하여 실시간으로 제공하는 기술을 만들어 냈습니다. 그 결과 높은 고객만족도 향상을 이끌어 낼 수 있었습니다.

사물인터넷 기술을 적용할 수 있는 분야는 그야말로 무궁무진하며 따라서 그 사업성 또한 매우 크다고 할 수 있습니다.

사물인터넷은 모든 사물을 연결할 수 있을까

4차 산업혁명이라는 말이 튀어나왔을 때 뒤따라온 기술들 중 가장 눈에 띄는 것이 사물인터넷이다. 다른 기술들과 달리 사물인터넷은 딱 듣는 순간 느낌이 온다. 동시에 과연 사물끼리 인터넷을 연결하는 것이 가능할까, 가능하다면 무엇 때문에 사물끼리 인터넷을 연결해야 할까 등 많은 생각을 하게 한다.

유비쿼터스는 나오자마자 실패했지만 사물인터넷은 성공 가도를 달리고 있다. 4차 산업혁명의 핵심 기술로 열거되는 인공지능, 자율주행차, 블록체인, 빅데이터 등 대부분의 기술이 사물인터넷을 필요로 한다. 어차피 4차 산업혁명의 화두는 '연결'에 있기 때문이다. 지금 글로벌 기업들은 사물인터넷 기술로 대박 날 미래를 꿈꾸며 오늘도 기술 개발에 매진하고 있다.

반면, 사물인터넷 회의론자들은 사물인터넷 추종자들의 장밋빛 꿈을 경계한다. 그들은 사물인터넷의 형격인 유비쿼터스가 세상을 떠들썩하게 했다가 금방 사라져 버렸던 이유에 주목한다. 당시 모든 사물을 네트워크로 연결하기 위한 칩과 컴퓨터의 소형화를 이루지 못했다. 그리고 지금 다시 사물인터넷이란 다른 이름으로 이 기술이 나왔는데 그들은 (물론 개선되긴 했지만) 사물인터넷 세상을 구현하기 위한 기술까지는 아직 난관이 많다고 생각한다.

사물인터넷 기술은 우리 산업에 혁신적 영향을 미칠 것이므로 이 문제를 꼭 짚고 가야 하기에 최고의 권위를 가진 공중파 KBC 방송의 '99분 토론'에서는 긴급 편성 토론을 열게 되었다.

사회자 ── 사물인터넷은 4차 산업혁명의 핵심 기술 중 하나일 뿐 아니라 최근 몇 년간 과학기술계에서 가장 주목받은 용어 중 하나입니다. 이처럼 중요한 기술이기도 하지만 해결해야 할 난관도 많은 것 같습니다. 이에 저희 99분 토론에서는 사물인터넷 기술에 대해 긍정적 입장을 가지신 4차산업혁명연구소 박능우 소장님과 부정적 입장을 가지신 대한대 융합과학과 김철수 교수님을 모시고 토론을 진행하도록 하겠습니다. 먼저, 두 분의 입장을 들어 보도록 하겠습니다.

박능우 ── 4차 산업혁명의 핵심 기술 중 사물인터넷 기술이 중요한 이유는 다른 기술들에 비해 우리 생활에 가장 가까이 와 있는 기술이기 때문입니다. 이미 상용화하여 사용되고 있는 가전제품은 말할 것도 없고 우리 생활 깊숙이 들어와 있는 사물인터넷 기술도 많습니다. 예를 들어, 과거에는 상상도 할 수 없었던 카카오버스야말로 사물인터넷 기술의 꽃이라 할 수 있을 것입니다. 집에 앉아서 내가 타고자 하는 버스가 지금 어디를 지나고 있으며 몇 초 후 정거장에 도착하는지까지 알 수 있는 시대입니다. 각각의 버스에 사물인터넷이 설치되었기에 가능한 혜택인 것입니다. 무엇보다 이러한 사물인터넷 기술이 산업에 적용되었을 때 얻을 수 있는 이익 또한 매우 큰 것이 현실적으로도 드러나고 있습니다. 대표적인 것이 독일에서 시행했던 인더스트리 4.0^{2}인데요. 이로 인해 생산성이 30% 이상 높아진 것으로 알려져 있습니다. 현 기술 단계에서 이 정도 성과를 내고 있는 것을 볼 때 사물인터넷 기술의 완성단계에는 그야말로 완전한 스마트홈, 스마트라이프가 완성되지 않을까 생각합니다.

인더스트리 4.0: 독일 정부가 사물인터넷IoT을 통해 전체 생산 과정을 모두 연결하여 최적화하는 '4차 산업혁명'을 뜻한다.

김철수 —— 사물인터넷이 현 단계에서 우리 사회에 긍정적 영향을 준 부분에 대해서는 전혀 부정할 생각이 없습니다. 저 역시 오늘 여기 올 때 카카오버스앱을 통해 사물인터넷의 도움을 받았으니까요. 하지만 사물인터넷이 마치 우리 사회에 커다란 혁명적 변화를 일으킬 것이라는 기대에 대해서는 좀 냉철하게 대응해야 한다고 생각합니다. 어떤 한 기술이 사회에 혁명적 변화를 일으키기 위해 가장 중요한 조건은 그 기술에 대한 대중들의 열광적 반응입니다. 그런데 제가 알기로 사물인터넷이 우리나라에서 가장 열광적 반응을 받은 것은 2014년경입니다. 당시 대통령이 2014년 1월에 열린 '과학기술·정보방송통신인 신년 인사회'와 '제44차 세계경제포럼(다보스 포럼)'에서 "창조경제의 결실을 거두기 위해서 사물인터넷, 빅데이터, 3D 프린터 등 신산업의 발전이 중요하다"는 말을 하면서 사물인터넷이 확 뜬 것입니다. 그로부터 6년이 지났는데요, 지금 사물인터넷이 우리 사회에 혁신적 존재로 다가와 있다는 느낌을 받기는 힘든 상황이라고 생각합니다. 당장 우리집의 상황에서 과연 스마트홈이 어느 정도 이뤄졌을까 생각해 보면 기대에 못 미치는 수준입니다. 초반의 기대보다는 못하다는 이야기입니다. 그 이유에 대해서는 토론을 진행하면서 말씀드리도록 하겠습니다.

주제 1
사물인터넷 기술은 어디까지 와 있는가

사회자 — 박 소장님은 사물인터넷 기술의 발달로 스마트홈 시대가 열릴 것이라 말씀하셨는데 김 교수님은 그 반대군요. 이것은 역시 사물인터넷의 기술과 직결된 문제라 생각됩니다. 그래서 토론의 첫 주제로 사물인터넷 기술이 어디까지 와 있는지에 대해 다뤘으면 합니다. 먼저, 박 소장님이 말씀해 주시기 바랍니다.

박능우 — 사물인터넷 기술을 이야기할 때 언뜻 보면 사물끼리 서로 인터넷만 연결하면 되는 것 아니냐 생각할 수 있으나 그렇게 간단한 문제가 아닙니다. 현재 사물인터넷 기술이 적용되기 위해서는 센서, 네트워크 인프라, 서비스 인터페이스[3] 등 세 가지 기술이 갖춰져야 합니다. 먼저, 센서와 관련하여 각종 센서와 네트워크 기능이 탑재된 스마트 디바이스(장치)가 있어야 합니다. 이것이 각 사물에 부착되는 것입니다. 최근 초소형 고감도 나노 센서 기술이 등장하여

서비스 인터페이스: 서로 다른 두 물체 사이에서 서로 간에 대화하는 방법이다.

사물인터넷 기술 수준을 크게 높이고 있습니다. 다음으로 고도의 네트워크가 있어야 하는데 최근 5G의 등장으로 이 기술 또한 날개를 달았습니다. 마지막 서비스 인터페이스와 관련하여 최근에는 클라우드 컴퓨팅과 빅데이터 기술이 접목되어 기술 수준을 높이고 있습니다. 따라서 사물인터넷 기술은 더욱더 진화할 시기를 앞두고 있는 상황이라 할 수 있습니다.

김철수 ── 스마트 기술이 계속 진화하면서 사물인터넷 기술에도 영향을 주므로 조금씩 발전하고 있는 것은 저도 인정합니다. 그런데 사물인터넷이 성공하기 위해서는 해결돼야 할 기술들이 아직 산적해 있다고 생각합니다. 당장 수많은 사물이 연결되어 정보가 오간다면 그 정보들이 유출될 가능성이 큰데 그것을 보완할 기술적 문제가 걱정됩니다. 특히 사물인터넷의 경우 연결된 개체가 많기 때문에 정보가 유출되었을 때 발생할 수 있는 피해의 크기는 상상할 수 없을 정도입니다. 2014년에 발생한 주요 금융사의 정보유출 사건은 사물인터넷의 보안 문제를 보여 준 대표적 사례라 할 수 있을 것입니다. 만약 이 기술적 문제가 해결되지 않는다면 사물인터넷의 발전은 크게 저해를 받을 수밖에 없습니다.

박능우 ── 당연히 그런 걱정을 할 수밖에 없을 것입니다. 그래서 사물인터넷 기술 중 보안 기술이 특히 강조되는 추세입니다. 하지만 최근(2020년) LG유플러스가 여러 관련 기업들과 손잡고 사물인터넷 단말용 양자보안칩 개발에 성공했다고 발표했기에 앞으로 사물인터넷 보안에 대한 전망이 매우 밝습니다.

사물인터넷 기술의 문제점은 무엇인가

사회자 — 아! 초반부터 김 교수님이 사물인터넷의 기술적 문제를 들고 나오셨으므로 곧바로 두 번째 주제로 넘어가 보도록 하겠습니다. 아마도 이 부분의 토론이 길어질 것 같기 때문입니다. 김 교수님, 좀 전에 말한 사물인터넷의 보안 기술 외에 또 어떤 기술적 문제가 있는 것입니까?

김철수 — 그 전에 사물인터넷의 보안 기술은 너무나 중요하므로 부디 사물인터넷과 블록체인을 접목하는 기술이 완성되어 사물인터넷의 보안 문제가 해결되기를 바랍니다. 만약 사물인터넷이 이 문제를 해결하지 못한다면 심각한 위기를 맞을 수도 있다는 사실을 꼭 기억해야 합니다. 제가 사물인터넷의 대중화를 부정적으로 보는 것은 이보다 더 기초적인 기술적 문제가 있기 때문입니다. 바로 센서 달린 마이크로컴퓨터에 관한 부분입니다. 앞에서 소장님이 사물인터넷 기술을 소개할 때 잘 설명해 주셨는데 사물인터넷을 적용할 각 사물에는 센서가 달린 마이크로컴퓨터를 부착해야 합니다. 그런데 이게 냉장고, 세탁기 같은 제법 가격과 크기를 갖춘 제품에는 적용이 가능한데, 예컨대 온도계 같이 크기가 작은 사물에는 적용하기가 힘듭니다. 왜냐하면 센서가 달린 마이크로컴퓨터를 크기가 작은 온도계에 적용하려면 사이즈를 줄여야 하기에 제작단가가 크게 올라가는 문제가 있기 때문입니다. 이런 문제로 현재 가격이 비싸고 부피가 큰 제품들에만 사물인터넷이 적용되고 있는 실정입니다. 집 안의 나머지 물품들은 사물인터넷의 혜택을 전혀 받지 못하고 있는 것입니다. 이래서야 스마트홈이라 하기 힘들지요.

박능우 — 준비를 많이 하고 나오신 것 같습니다. 세밀하게 기술적 문제를 잘 짚어 주셨네요. 하지만 센서 달린 마이크로컴퓨터 기술은 나노 기술이 접목되면서 초소형·고감도 센서 개발에 박차를 가하고 있습니다. 만약 나노 센서가 상용화된다면 지금 교수님이 말씀하신 문제는 깨끗이 해결될 수 있을 것입니다.

김철수 — 문제는 또 있습니다. 바로 네트워크 칩입니다. 사물에는 센서 달린 마이크로컴퓨터 외에 네드워크와 통신할 수 있게 해 주는 네트워크 칩도 넣어야 합니다. 그런데 이 네트워크 칩 역시 센서 달린 마이크로컴퓨터와 같은 문제를 안고 있습니다. 작은 사물에 적용되기에는 너무 크고 가격도 비싼 것입니다. 그러니 당연히 작고 가격이 싼 사물에는 적용할 수가 없고 TV, 냉장고, 세탁기 등 가격이 비싸고 부피도 큰 제품들에만 적용할 수밖에 없는 것입니다.

박능우 — 그 부분에 대해서도 삼성전자가 미국의 램버스와 네트워크 칩 사업 동맹을 맺는 등 기술 개발에 박차를 가하고 있습니다. 또 세계 최대의 휴대전화 칩 공급 업체인 퀄컴이 더 작고 전력 면에서 효율적인 칩을 개발하고 있습니다. 이 회사에서 개발한 X60칩은 불과 5나노미터 크기의 네트워크 칩입니다. 퀄컴은 또 5G 네트워크에 휴대폰을 연결하도록 설계된 새로운 칩을 발표하기도 했습니다. 이런 칩들은 곧 우리나라에도 도입될 예정이라고 합니다.

김철수 —— 부디 그런 문제들이 해결되기를 바랍니다. 사물인터넷은 집 안의 모든 사물이 연결되어 스마트하게 돌아가는 스마트홈을 꿈꾸고 있는데요. 사실 저는 사물인터넷 기술에 바라는 것이 따로 있습니다. 제가 건망증이 심하거든요. 그래서 툭하면 스마트폰이 어디 있는지, 안경이 어디 있는지, 지갑이 어디 있는지 까먹을 때가 많아요. 이럴 때 모든 사물이 사물인터넷으로 연결돼 있었다면 쉽게 찾을 수 있을 텐데 하는 생각을 할 때가 많습니다. 아마도 저와 같은 생각을 하는 사람들이 의외로 많을 거라 생각됩니다. 사물인터넷 회사들이 왜 이런 생각을 안 하는지 모르겠어요. 이 정도 문제는 각 사물에 간단한 센서 하나만 부착해도 되잖아요. 여하튼 이건 제 개인적인 생각이었습니다. 현재의 사물인터넷 기술로는 집 안의 하찮은 사물들은 포함되지 않는 문제가 있다는 말씀을 드리는 겁니다.

박능우 —— 하하, 저 역시 김 교수님이 말씀하신 그 부분도 스마트홈 구현에 포함되었으면 좋겠네요. 저 역시 뭘 잘 잃어버리거든요. 그런데 아마도 사물인터넷 회사들이 그 부분을 손대지 못하는 것은 역시 좀 전에 교수님이 말씀하신 것처럼 제작단가에 따른 이해타산이 맞지 않기 때문일 수도 있을 것 같습니다.

주제 3

사물인터넷이 꿈꾸는 스마트홈은 가능할까?(호환성의 문제)

사회자 — 두 분의 토론을 들으며 사물인터넷의 기술적 문제가 무엇인지 잘 알 것 같습니다. 부디 이런 기술적 문제가 해결되기를 기대해 봅니다. 이번에는 마지막 주제를 다뤘으면 합니다. 그렇다면 사물인터넷이 꿈꾸는 스마트홈은 무엇이며, 과연 그 스마트홈은 가능한가 하는 부분입니다. 먼저, 박 소장님이 스마트홈의 개념에 대해 말씀해 주시고 김 교수님이 스마트홈의 기술적 문제를 지적해 주시죠.

박능우 — 스마트홈에 대한 개념을 쉽게 이해시켜 드리기 위해 스마트홈 그림을 하나 들고 나왔습니다.

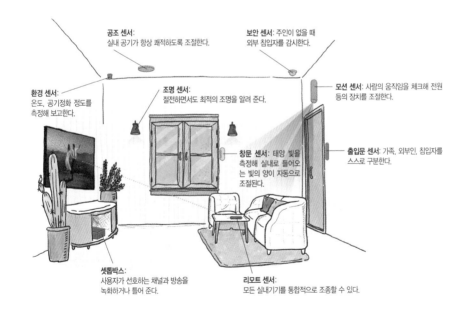

공조 센서:
실내 공기가 항상 쾌적하도록 조절한다.

보안 센서: 주인이 없을 때 외부 침입자를 감시한다.

환경 센서:
온도, 공기정화 정도를 측정해 보고한다.

조명 센서:
절전하면서도 최적의 조명을 알려 준다.

모션 센서: 사람의 움직임을 체크해 전원 등의 장치를 조절한다.

창문 센서: 태양 빛을 측정해 실내로 들어오는 빛의 양이 자동으로 조절된다.

출입문 센서: 가족, 외부인, 침입자를 스스로 구분한다.

셋톱박스:
사용자가 선호하는 채널과 방송을 녹화하거나 틀어 준다.

리모트 센서:
모든 실내기기를 통합적으로 조종할 수 있다.

이 그림을 보면 출입문부터 시작하여 창문, TV, 조명, 테이블 등 실내 사물들에 센서가 부착돼 있는 것을 볼 수 있습니다. 이 사물들은 서로 사물인터넷으로 연결돼 있는 것입니다. 각 사물은 서로 정보를 주고받으며 이를 분석하여 사용자가 편리하고 쾌적하게 지낼 수 있도록 최적의 실내 환경을 만들어 냅니다. 이런 스마트홈 환경은 사용자가 밖에 있을 때도 유지되며 사용자와도 연결돼 있기 때문에 언제든지 조절이 가능합니다. 어떤가요? 이런 집에서 지낸다면 안락한 가정생활을 누릴 수 있을 뿐만 아니라 숙면도 취할 수 있어 사용자의 행복을 더해 줄 수 있지 않을까요. 이것이 바로 사물인터넷이 꿈꾸는 스마트홈의 모습입니다.

김철수 — 제가 보기에 박 소장님이 꿈꾸는 스마트홈은 그 집에 한 회사의 제품만 있을 때 가능하다고 보입니다. 예를 들어, TV, 냉장고, 세탁기, 출입문, 테이블까지 말입니다. 제가 왜 이런 말씀을 드리는가 하면 바로 호환성[4]의 문제 때문입니다. 현재 삼성 제품의 사물인터넷과 애플 제품의 사물인터넷은 서로 호환되지 않습니다. 나머지 회사들끼리도 마찬가지고요. 그런데 한 집에서 한 회사의 제품만 사용할 수 있을까요? 가전제품만 놓고 본다면 그럴 수도 있을 것입니다. 하지만 집에는 가전제품만 있는 게 아니죠. 욕실용품도 있을 것이고 주방용품, 조명 제품, 인테리어 제품들도 있을 것입니다. 이 모든 것이 서로 사물인터넷으로 연결되어야 스마트홈이 되는 것인데 각각 다른 회사의 제품들은 서로 호환이 되지 않으니 스마트홈은 한낱 꿈으로 그치고 마는 것입니다. 그러므로 저는 스마트홈은 유비쿼

호환성: 어떤 부품들을 서로 바꾸어 쓸 수 있거나 프로그램을 바꾸어 쓸 수 있는 성질이다.

터스 때처럼 꿈으로 끝날 가능성이 매우 높다고 생각합니다.

박능우 —— 호환성의 문제를 잘 지적해 주신 것 같습니다. 이 역시 사물 인터넷 기술이 넘어야 할 벽인 것은 분명합니다. 이 기술적 문제 해 결을 위해서도 발 빠른 움직임들이 일어나고 있음을 말씀드리고 싶 습니다. 여기에 가장 발 빠른 기업이 애플입니다. 애플은 이미 자사 제품들에 대해서는 호환성 문제를 해결한 상태입니다. 표준화[5]도 이뤄 냈고요. 그래서 Made For iPhone의 약자인 MFi 인증 마크 만 있으면 국적이나 브랜드를 불문하고 서로 호환성이 보장되는 상 태입니다. 구글이나 마이크로소프트 역시 이런 작업을 해 나가고 있 고요. 이제 회사 대 회사끼리 서로 협력하여 호환싱과 표준화를 이 뤄 낸다면 이 문제가 해결될 것이라 보고 있습니다.

표준화: 제품의 종류, 규격, 품질, 모양 등을 일정한 기준 에 따라 통일시키는 일

Made for
iPod iPhone iPad

김철수 —— 긍정적으로 생각하는 것은 자유지만 저는 사물인터넷 기술 의 호환성과 표준화가 이뤄지려면 시간이 많이 필요하다고 생각합 니다. 그 이유는 현재 각 기업마다 사물인터넷의 기술 수준의 차이 가 존재하기 때문입니다. 이런 가운데 선뜻 양보하며 호환성과 표준 화에 동참하려는 기업이 얼마나 있겠습니까. 따라서 이 문제가 해 결되기 위해서는 이것을 끌고 갈 수 있는 강력한 리더십이 나타나야 하는 문제도 있습니다.

박능우 ── 그 말에는 저도 동의합니다. 사물인터넷의 성격상 모두 함께 가야 하는 문제가 있습니다. 어느 한 기업만 특출나서는 해결되지 않기 때문입니다. 호환성과 표준화를 해결하기 위해서는 선진 기업이 중후진 기업과 서로 협력관계를 맺는 것도 한 방법이라고 생각됩니다. 예를 들어, 기술 개발은 선진 기업이 하되 제조는 중후진 기업이 하는 식으로 말이죠. 실제 이런 협력관계가 이루어지고 있기도 합니다.

마무리 발언

사회자 ── 열띤 토론을 하는 가운데 어느덧 시간이 거의 다 되었습니다. 두 분의 토론이 우리나라 사물인터넷이 나아가야 할 길을 잘 제시해 주신 것 같습니다. 이제 짧게 마무리 발언 부탁드립니다.

김철수 ── 오늘 토론 가운데 제가 대안도 제시하지 못하면서 너무 사물인터넷의 문제점만 부각시킨 것 같아 조금 미안한 마음이 듭니다. 아직은 사물인터넷 기술이 개발 단계에 있기 때문에 미래에는 제가 지적했던 문제가 잘 해결될 수 있기를 바라는 마음입니다.

박능우 ── 저는 오늘 김 교수님께 많이 배운 시간이었습니다. 그럼에도 사물인터넷의 미래는 매우 밝다는 사실을 다시 한번 말씀드리고 싶습니다. 문제를 통하여 대안을 찾아가다 보면 길이 보이는 법입니다. 인류의 역사는 그렇게 발전해 왔습니다. 부디 사물인터넷 기술이 본궤도에 올라 우리가 꿈꾸는 스마트홈이 구현되기를 기대해 봅니다.

사회자 — 저는 오늘 사물인터넷의 희망과 또 문제점까지 알게 되어 보람찬 시간이었던 것 같습니다. 오늘 끝까지 사물인터넷에 관한 토론을 지켜봐 주셔서 감사합니다. 다음 시간에는 우리의 건강과 직결된 스마트 헬스케어에 관한 토론이 진행될 예정이오니 관심 가져 주시기 바라며 오늘 토론 마치도록 하겠습니다.

사용자가 아침에 일어나자마자 화장실부터 갑니다. 소변을 누자 화장실 변기가 작동하며 소변의 성분을 분석하여 그 사람의 건강 상태를 알아내고 주치의에게 정보를 보냅니다. 그러면 주치의는 그 정보를 가지고 진단하고 처방하여 처방전을 사용자에게 보내 줍니다.

아침을 먹기 위해 냉장고 문을 열자 냉장고가 인간처럼 작동합니다. 자신에게 보관되는 음식을 분석하여 가족들의 식생활 패턴을 파악하고 가족이 즐겨 먹는 식단을 준비해 스스로 인터넷 쇼핑몰에 접속하여 주문하고 결제까지 해냅니다.

이번엔 오븐이 자신들에게 들어온 요리들의 정보를 분석하여 가족들의 취향에 맞는 요리를 알아냅니다. 그리고 인터넷에 접속하여 원하는 정보를 검색한 후 스스로 음식을 조리합니다.

출근을 하기 위해 준비하고 있을 때 자동차는 스스로 작동하여 자동차 타이어의 공기압, 마모 상태 등 자동차와 관련된 정보를 사용자에게 알려 줍니다.

이 이야기는 지금으로부터 근 20여 년 전 기술자들이 유비쿼터스 시대를 상상하며 일어날 일을 예측했던 내용입니다. 어떤가요? 안타깝게도 그때 유비쿼터스는 기술적 뒷받침을 받지 못한 채 역사의 뒤안길로 사라져 갔지만 사물인터넷 시대가 도래한 지금 저 꿈이 이뤄질지도 모른다는 기대감이 들지 않나요?

마무리
하기

사물인터넷은 모든 사물을
연결할 수 있을까

1. 다음 사물인터넷에 관한 토론 내용을 보고, 각 주장에 관한 근거를 정리해 적어 보세요.

사물인터넷은 모든 사물을 연결할 수 있을까?

	긍정적이다	부정적이다
사물인터넷 기술은 어디까지 와 있는가?	현재 상용화된 기술이 많을 정도로 상당한 수준에 와 있다. 근거 :	아직은 대중화되었다고 보기 힘들다. 근거 :
사물인터넷 기술의 문제점은 무엇인가?	보안, 기술적 문제 등이 있지만 극복할 수 있다. 근거 :	부품의 소형화 문제가 해결되어야 한다. 근거 :
사물인터넷이 꿈꾸는 스마트홈은 가능할까?	머지않은 미래에 스마트홈은 가능하다. 근거 :	호환성 문제로 스마트홈은 불가능하다. 근거 :

2. 사물인터넷에 관한 본인의 입장을 적어 보세요.

◆ 생각 더하기 219쪽을 참고하세요!

▲ 에드바르 뭉크(1863~1944년), 〈붉은 집이 있는 봄 풍경〉, 1935년. 뭉크는 어렸을 때 부모와 동생이 죽었기 때문에 평생 죽음에 대한 공포와 불안으로 살았다고 한다. 그래서 그의 대표작 〈절규〉, 〈죽음의 방〉 등은 조금 공포스럽다. 그런데 말년에 그린 이 그림은 왠지 희망적이다. 주변의 사물들이 서로 속삭이는 듯하다. 사물인터넷의 사물들이 서로 연결된 것처럼.

· 쟁점 7 ·

스마트 헬스

— 스마트 헬스가 의료의 질을 높일 수 있을까

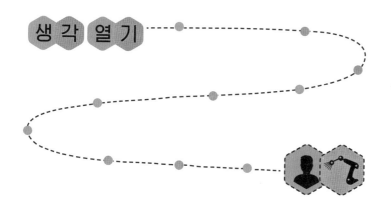

생 각 열 기

스마트폰의 등장과 함께 본격적으로 시작된 것이 스마트 시대의 도래입니다. 스마트 워크,[1] 스마트 라이프, 스마트 헬스 케어 등 우리 생활과 산업 전반에 스마트 바람이 일어난 것입니다.

'스마트'란 똑똑하다는 뜻으로 이전보다 훨씬 똑똑한 시스템으로 바뀜을 상징합니다. 그런데 만약 의료분야가 지금보다 똑똑해지면 어떤 모습으로 바뀔까요?

지금 우리가 받고 있는 의료서비스를 보면 전근대적 방법에서 벗어나지 못하고 있음을 발견하게 됩니다. 아프면 직접 병원으로 가야 하고 긴 줄을 서서 시간을 보내며 각종 검사를 받아야 합니다. 그리고 의사로부터 10분도 채 되지 않는 진단을 듣고 약을 타서 나오는 방식입니다. 모든 것이 하드웨어 중심으로 돌아가고 있음을 발견하게 될 것입니다. 이것은 분명 똑똑한 의료서비스의 방식은 아닙니다.

스마트 워크: 사무실이 아니더라도 언제 어디서나 업무를 효율적으로 볼 수 있는 유연한 근무제를 뜻한다.

▲ 스마트 기기나 앱으로 개인의 건강을 진단하고 의료 정보를 디지털화하여 병원과 연결하는 체계를 '스마트 헬스케어'라고 한다.

이런 의료서비스가 만약 스마트 방식으로 바뀐다면 어떻게 될까요? 스마트 헬스기기를 통해 수시로 간단한 혈압, 혈당, 맥박, 심장박동 등의 건강 체크를 받게 됩니다. 기술이 더 발달한다면 혈액의 상태도 점검받을 수 있겠지요. 혹 질병이 생길 기미가 보이면 스마트 헬스기기가 신호를 보낼 것입니다. 그러면 스마트 헬스기기가 제공하는 정보를 통하여 건강관리를 더 철저히 함으로써 질병을 미연에 예방할 수 있게 됩니다. 그럼에도 질병이 생긴다면 즉각 주치의에게 전달될 것이고요. 그다음 온라인 예약을 하고 온라인으로 원격진료가 시작됩니다. 간단한 질병일 경우 온라인으로 처방전을 받고 이것은 즉각 약국에 넘겨져 약이 배달돼 올 것입니다. 오프라인으로 병원까지 가야하는 경우는 정밀검사와 진단을 받아야 할 때 외에는 거의 없겠지요. 정말 꿈같은 이야기입니다.

이처럼 똑똑한 의료서비스를 꿈꾸는 것이 바로 스마트 헬스케어입니다. 스마트 헬스케어란 스마트 기기나 앱으로 개인의 건강을 진단하고 의료 정보를 디지털화하여 병원과 연결하는 체계를 말합니다.

스마트 헬스케어는 우리나라에서는 잘 볼 수 없으나 선진국에서는 이미 태동해 있는 단계입니다. 우리나라의 경우 아직 연구단계이거나 초기 사업단계에 있습니다.

만약 스마트 헬스케어 시대가 온다면 의료계는 물론 의료문화가 획기적으로 바뀔 것입니다. 그래서 스마트 헬스케어 긍정론자들은 스마트 헬스케어 산업이 의료혁명을 일으키며 크게 부상할 것이라 예상하고 있습니다. 하지만 스마트 헬스케어 부정론자들은 여러 가지 제약이 있어 우리가 꿈꾸는 그런 스마트 헬스케어 시대까지는 오기 어렵다는 입장입니다. 당장 오프라인 중심인 병원과 약국의 이익이 저항하고 있고 거대한 의료 관련 기업들이 연결돼 있기 때문입니다. 만약 스마트 기기나 앱을 통한 건강진단이 이뤄진다면 당장 수십, 수억 원 하는 병원의 의료기기들이 무용지물이 될 것이며 병원의 주 수입원 중 하나인 정기 건강검진도 무력화될 것입니다.

무엇보다 스마트 헬스케어의 기술적 부분이 가능할까 하는 부분도 의문입니다. 간단한 혈압, 혈당, 심박수 등은 가능할지 몰라도 혈액이나 내장기관의 상태 등은 고가의 의료장비들로 검사를 하는 상황인데 간단한 스마트 기기로 체크할 수 있게 하기 위해서는 상당한 기술력을 필요로 할 수밖에 없는 상황입니다.

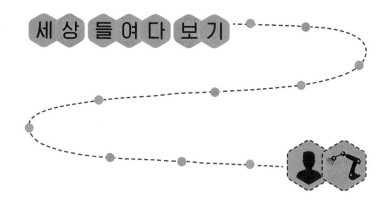

　스마트 헬스케어의 핵심은 역시 4차 산업혁명 기술들과의 융합에 있습니다. 스마트 헬스케어에서 스마트의 뜻은 그동안 아날로그나 오프라인으로 운영돼 왔던 시스템을 IT와 연결시키는 데 있습니다. 이때 적용되는 IT 기술들 중 핵심적인 것은 인공지능 센서, 빅데이터 그리고 사물인터넷입니다. 모두 4차 산업혁명의 핵심적 기술들입니다.

　아침에 일어나면 인공지능 센서가 달린 카메라가 전신을 훑으며 몸 상태를 점검합니다. 이때 인공지능은 몸 상태는 물론 감정 상태까지 체크합니다. 그리고 그에 맞는 음식 메뉴와 운동법을 안내합니다. 화장실로 가 소변이나 대변을 보면 변기에 달린 사물인터넷이 이를 인지하여 소변과 대변의 건강 상태를 알려 줍니다. 인공지능 센서는 종일 내 몸에 부착되어 나의 건강 상태를 체크해 줍니다. 이로써 나는 질병을 예방하는 효과를 누리게 됩니다. 스마트 헬스케어를 통하여 능동적 건강관리를 할 수 있게 된 것입니다.

스마트 헬스케어는 이로써 의료계에 세 가지 변화를 일으키게 됩니다. 첫째, 사후 진료 중심의 의료 체계에서 사전 예방 중심의 의료 체계로 바뀌게 됩니다. 둘째, 의사 중심의 수동적 의료 관리 체계에서 환자 중심의 능동적 관리 체계로 바뀝니다. 의사에게 모든 것을 맡기는 체계에서 환자 스스로 예방하고 진단하는 체계로 바뀌게 되는 것입니다. 셋째, 하드한 의료기기 중심에서 소프트한 의료기기 중심으로 바뀌게 됩니다. 현재 병원에서 건강을 진단하는 의료기기들은 모두 덩치가 크고 가격도 매우 비쌉니다. 하지만 4차 산업혁명 관련 기술들이 크게 발전하면서 이 기술들이 진단의학에 이용되면 가볍고 쉬우며 비싸지 않은 스마트 의료 진단 기기들로 바뀌게 되는 것입니다.

이러한 스마트 헬스케어가 이루어지면 의료계에 태풍이 몰아닥칠 것입니다. 무엇보다 스마트 헬스케어가 정착하게 되면 질병을 앓는 환자의 수가 급격히 줄어들 것으로 예상됩니다. 스마트 헬스케어가 예방의학[2]이기 때문입니다. 이로 인해 많은 의료기관과 나아가 제약회사들까지 위축될 수 있습니다. 대신 스마트 헬스케어 산업이 새로운 신성장 동력으로 의료계를 차지하게 될 것입니다.

한편, 스마트 헬스케어에 빅데이터 기술이 적용되면 정밀진단, 맞춤의학[3]이 가능해질 전망입니다. 지금은 개인 맞춤이라기

예방의학: 질병의 발생 원인을 규명하여 그 예방에 중점을 두고 연구하는 학문

맞춤의학: 환자 개개인의 특성이나 환자가 걸린 병에 맞추어 제공되는 의학

▲ 원격 의료란 환자가 병원에 가지 않고도 온라인상에서 의사의 진료를 받을 수 있는 시스템을 말한다.

보다 질병의 종류에 따른 맞춤 의학입니다. 빅데이터는 방대한 정보를 분석할 수 있으므로 정밀진단을 가능하게 해 줄 것이며 개인별 유전자 정보를 모두 읽어 낸 후 그에 맞는 맞춤형 약물과 의료서비스를 가능하게 해 줄 것입니다.

사물인터넷 기술은 원격 의료도 가능하게 해 줄 것입니다. 원격 의료란 환자가 병원에 가지 않고도 온라인상에서 의사의 진료를 받을 수 있는 시스템을 말합니다. 이때 운송회사와도 연결하여 의약품 전달까지 이뤄지기도 합니다. 또한 비록 온라인상이지만 사물인터넷이 연결돼 있기에 의사는 환자의 상태를 마치 실제 앞에 있는 것처럼 진단할 수 있고, 병원의 의료장비를 환자에게 적용시킬 수도 있습니다.

지금까지 이야기한 것은 스마트 헬스케어의 정의라 할 수 있고 현재 의료기업들은 IT 기업과 손잡고 목표 지점을 향하여 나아가고 있는 상태입니다. 그리고 세계적으로는 글로벌 기업들이 스마트 헬스케어 시장에 뛰어들어 다양한 성과를 내고 있는 상태입니다.

스마트 헬스가 의료의 질을
높일 수 있을까

스마트 헬스케어 산업이 의료계의 4차 산업혁명 화두로 떠올랐다. 스마트 헬스케어는 그동안의 의료기술에 최첨단 IT 기술들을 융합시킨 첨단의료과학의 결정체이다. 그 성격이 기존의 의료체계와 정반대 지점에 있기에 의료계에 몰고 올 파장은 가히 태풍급이다.

스마트 헬스케어는 의료계의 혁신을 이루며 기존 의료를 대신할 장밋빛 꿈을 꾸고 있지만 그 반대의 목소리도 만만치 않다. 우선 기술적으로 아직은 상상에 머물고 있는 것이 많고 사회적으로 해결해야 할 문제도 산적해 있다. 스마트 헬스케어가 도입될 경우 거대한 기존 의료계가 붕괴될 수도 있기에 그 저항을 이겨 내야 한다. 또한 스마트 헬스케어는 빅데이터를 기반으로 하기에 개인의 의료정보 유출 문제도 복잡하다. 스마트 헬스케어가 상용화되기 위해서는 이런 문제들을 뚫어야 한다.

스마트 헬스케어에 대한 사회적 논의가 필요한 시점에 이르러 최고의 권위를 가진 공중파 KBC 방송의 '99분 토론'에서는 긴급 편성 토론을 열게 되었다.

사회자 — 코로나19가 세계인의 건강을 위협하면서 스마트 헬스케어에
대한 관심이 다시 뜨거워졌습니다. 스마트 헬스케어는 사후에 대처
하는 기존 의학과 달리 예방하고 미리 관리하는 의학이기 때문에 더
욱 관심을 받게 되는 것 같습니다. 하지만 현재 우리나라의 스마트
헬스케어 수준은 아직 걸음마 단계에 있다고 합니다. 그 원인을 살
펴보고 스마트 헬스케어가 과연 기존 의학을 대신할 수 있는지 알아
보도록 하겠습니다. 스마트 헬스케어에 대해 긍정적 입장을 가지신
스마트 헬스케어 연구소 권혁순 소장님과 부정적 입장을 가지신 코
리아의사협회 최고수 박사님을 모시고 토론을 진행하도록 하겠습
니다. 먼저, 현재 우리나라의 스마트 헬스케어 산업을 바라보는 두
분의 입장을 들어 보도록 하겠습니다.

권혁순 — 지금 우리는 4차 산업혁명 시대로 가고 있는 시점에 살고 있
습니다. 4차 산업혁명의 화두는 '스마트'로, 우리 사회의 각 분야는
똑똑한 IT 기술과의 융합 시스템으로의 변화를 요구받고 있습니다.
이미 배달업계, 금융업계 등에서 우리는 그것을 경험하고 있지 않
습니까. 이런 차원에서 당연히 의료계도 스마트 시스템으로의 변화
를 요구받고 있는 것이고 그래서 등장한 것이 스마트 헬스케어 산업
인 것입니다. 우리나라의 의학기술과 건강보험 등이 세계적 수준이
라 하지만 스마트 시각으로 보면 여전히 구시대적 시스템으로 돌아
가는 게 눈에 보입니다. 무엇보다 현 의료 서비스는 사후 치료 시스

템으로 돌아가는데 이것은 사전 예방 시스템으로 바뀌어야 할 것입니다. 이번 코로나19 사태가 그것을 말해 주고 있기도 하고요. 그런 차원에서 우리나라 의료 서비스도 스마트 헬스케어 시스템으로 바뀌어야 한다고 봅니다. 물론 우리나라의 스마트 헬스케어 산업은 아직 연구단계나 초기 사업단계에 있는 현실인 것은 맞습니다. 하지만 빅5급 대형병원에서 이미 스마트 헬스케어를 도입하여 활발한 시도 중에 있고 관련 기업들이 앞다투어 이 사업에 뛰어들고 있습니다. 우리나라의 스마트 헬스케어 산업도 매년 10% 이상씩 성장하고 있는 단계입니다.

최고수 ── 먼저, 의사인 제 견해임을 전제하고 말씀드리겠습니다. 스마트 헬스케어 산업의 비전을 보면 마치 공상 영화를 보는 듯 화려한 장밋빛입니다. 하지만 과연 이것이 현실화될 수 있을까 하는 것은 또 다른 문제라고 생각합니다. 의료 서비스에서 가장 중요한 것은 편리보다도 정확한 진단일 것입니다. 그런데 스마트 헬스케어가 하는 이야기를 잘 들어 보면 정확한 진단보다 편리에 무게 중심이 가 있는 듯 보입니다. 따라서 스마트 헬스케어가 얼마나 정확한 진단을 할 수 있는지 그 기술부터 증명되어야 할 것입니다. 당장 우리나라에서 스마트 헬스케어 산업이 발전하지 못하는 이유가 여기에 있다고 봅니다. 또한 스마트 헬스케어 산업이 발전하기 위해서는 기존 시스템을 장악하고 있는 병원들의 저항을 이겨 내야 하는 문제도 있습니다. 이런 이유로 당분간 우리나라의 스마트 헬스케어 산업은 유망하긴 하지만 가망은 없어 보입니다.

주제 1
스마트 헬스케어 기술은 어디까지 와 있는가

사회자 —— 하하, 권 소장님은 아예 의료 시스템이 스마트 헬스케어로 바뀌어야 한다고 보시는 반면, 최 박사님은 전혀 가망이 없다고 보시는군요. 처음부터 완전히 상반된 입장을 보이고 계시는데요. 그렇다면 최 박사님이 제기하신 기술적 문제부터 들여다보도록 하겠습니다. 제가 봐도 집에서 내 병을 진료한다는 건 꿈 같은 이야기인데요. 과연 현재 스마트 헬스케어 기술은 어디까지 와 있고 얼마큼 현재의 의료를 대신할 수 있는지 궁금합니다. 이에 대해 권 소장님부터 말씀해 주시죠.

권혁순 —— 현재 스마트 헬스케어 산업은 크게 모바일 헬스케어, 사물인터넷 헬스케어, 웨어러블[*] 헬스케어를 들 수 있습니다. 모바일 헬스케어는 스마트폰 앱을 활용해서 의료 서비스를 제공하는 것을 말합니다. 개인은 이것을 통하여 스스로 심박수, 혈압, 혈당 등의 간단한 건강정보를 체크할 수 있고 또 그에 따라 운동량, 칼로리 등의 정보까지 제공받을 수 있습니다. 물론 이 정보는 의사와 환자가 서로 공유할 수 있습니다. 사물인터넷 헬스케어는 모바일 헬스케어의 심화된 버전인데 사물인터넷 기술을 이용하여 평상시 개인의 건강 상태에 대한 지속적인 관찰 및 모니터링을 하게 됩니다. 이것을 '원격 환자 모니터링Remote Patient Monitoring, RPM' 시스템이라 하는데 이렇게 수집된 개인의 생체 데이터는 실시간 의료기관으로 전송됩니다. 이렇

웨어러블(wearable): '착용할 수 있는'이란 것이 본래의 의미인데, 여러 가지 착용하는 방법에 적합한 모양으로의 입는 법이 가능하다는 의미로 사용된다.

게 하여 개인 맞춤형 의료 서비스를 받을 수 있게 되는 것입니다. 마지막으로, 웨어러블 헬스케어는 옷이나 안경, 신발 등 신체에 착용한 기기를 통해서 의료 서비스를 제공해 주는 상품을 말합니다. 현재 모바일 헬스케어의 경우 일부 지자체 보건소에서 시행되고 있고, 웨어러블 헬스케어 산업은 스마트 워치와 스마트 밴드를 비롯해 안경, 스카프, 바지, 신발 등 다양한 형태의 웨어러블 제품이 개발되어 이미 인기를 끌고 있는 상황입니다. 사물인터넷 헬스케어는 연구 단계에 있다고 할 수 있겠습니다.

최고수 ── 사실 저희 병원에도 모바일 헬스케어 기술을 도입하고 있는데요. 현재는 의사가 그동안 진료해 오던 내용들을 스마트 앱에 적용시키는 수준입니다. 환자 맞춤형이라기보다 의사 맞춤형 모바일 헬스케어인 것이죠. 그런데 이게 기존의 일을 도와준다기보다 부가적으로 해야 하는 일이 되고 있어요. 그러다 보니 다시 기존 방식으로 돌아가고 이 앱들을 잘 쓰지 않는 경우가 많습니다. 그리고 각 지자체 보건소에서 모바일 헬스케어를 하고 있다고 하셨는데 제가 보니 그 수준이 아직 초보 단계더라고요. 그냥 집에서 간단한 건강관리 앱으로 해도 되는 것을 보건소에서 조금 도와주는 정도. 그나마 활성화되고 있다는 웨어러블 헬스케어도 현재 나와 있는 기기들로 할 수 있는 진단은 간단한 심박수, 체온, 심전도, 근육의 움직임 정도더라고요. 그런데 이 기기들의 정확도가 어느 정도인지는 알 수 없습니다. 따라서 제가 보기에 현재 스마트 헬스케어 기술 가지고 의료를 대신할 수 있는 것은 거의 없다고 보입니다.

권혁순 ── 하하, 최 박사님은 스마트 헬스케어 산업의 미래를 너무 비관적으로 보시는 것 같습니다. 물론 현재 우리나라의 기술 수준이 선진국에 비해 떨어져 있는 것은 인정합니다. 하지만 2019년 휴이노와 고려대 안암병원이 연계하여 개발한 건강관리 손목시계형 심전도 측정장치가 규제 샌드박스를 통과하였습니다. 규제 샌드박스란 기업이 신제품을 빠르게 출시할 수 있도록 규제를 면제하거나 늦춰 주는 제도입니다. 이와 관련하여 휴이노와 고려대 안암병원에서는 부정맥이 확진되었거나 증상이 있는 환자를 대상으로 스마트 모니터링 사업을 하고 있는 상황입니다. 또 LG전자에서는 만성질환, 심혈관질환 등 다양한 질병을 관리하는 통합 헬스케어 플랫폼을 개발 중이고요. 지금까지 스마트 헬스케어가 단지 개인의 건강관리 차원에 머물러 있었다면 조만간 질병관리 수준까지 충분히 이를 수 있다고 생각합니다.

최고수 ── 그런 시도들은 저도 충분히 의미 있고 부디 성공하기를 바랍니다. 하지만 성공을 거둔다 하더라도 병원에서 검사하던 것을 집에서 검사하는 편리성 정도밖에 얻을 수 없다고 생각합니다. 그것도 만성질환, 심혈관질환으로 한정돼 있고 정확도 면에서는 여전히 의심할 수밖에 없고요. 중요한 것은 이렇게 집에서 진단하고 관리하는 시스템이 만들어진다 하더라도 결국 치료받기 위해서는 병원에 와야 할 것입니다. 결국 병원에 오는 수고는 들여야 하는 것이죠. 이때 병원 입장에서는 정확도를 확인하기 위해 다시 정밀 의료장비로 검사하는 수밖에 없습니다. 그렇다면 환자 입장에서는 두 번이나 검사하는 수고를 해야 하는 것이잖아요.

권혁순 —— 아직 최 박사님의 시각은 스마트 헬스케어를 잘 이해하지 못하고 계신 것 같습니다. 세계적으로 볼 때 우리나라는 스마트 헬스케어 기술이 초보적 단계에 있는 수준입니다. 그것만 보고 전체를 판단해서는 안 된다고 생각합니다. 글로벌 시대에 바깥에서 기술이 들어올 수도 있는 상황이고, 그때는 스마트 헬스케어 산업이 지금보다 훨씬 발전할 수 있을 것입니다. 스마트 헬스케어의 적용 범위가 만성질환, 심혈관질환으로 한정돼 있다고 하셨는데 식품의약품안전처의 자료에 따르면 만성질환을 관리하는 데 사용되는 진료비만 전체 진료비의 40% 정도라고 합니다. 이것도 매년 지속적으로 오르고 있고요. 만약 스마트 헬스케어로 만성질환만 잡을 수 있어도 충분히 기존 의료를 대신한다 할 수 있지 않을까요.

최고수 —— 하하, 제가 갑자기 스마트 헬스케어를 잘 이해하지 못하는 사람이 되었군요. 제 말은 만성질환을 집에서 진단한다 하더라도 결국 병원과 연결되어야 치료를 할 수 있다는 이야기를 하는 것입니다. 그리고 병원에 오면 정확한 진단을 위해 다시 검사할 수밖에 없고요. 물론 기존의 질환자 말고 자신의 질병을 잘 모르고 있었던 사람들이 스마트 헬스케어를 통해 알게 되는 효과는 저도 인정합니다. 이 부분은 스마트 헬스케어가 긍정적인 역할을 할 수 있을 것이라고 봅니다. 단, 이것도 스마트 헬스케어가 정확한 진단을 한다는 가정이 성립해야 합니다.

스마트 헬스케어 산업의 걸림돌은 무엇인가

사회자 — 두 분의 주장이 한 치의 양보도 없이 치열하군요. 이쯤에서 주제를 바꿨으면 합니다. 서두에 최 박사님이 스마트 헬스케어 산업에 대한 병원들의 저항 이야기를 하셨는데 스마트 헬스케어 산업이 발전하는 데 걸림돌이 많다는 이야기로 들립니다. 이에 대해 토론을 이어 갔으면 합니다.

권혁순 — 우리나라는 세계적 수준의 IT 기술과 의료 서비스 기술로 유명합니다. 따라서 글로벌 스마트 헬스케어 시장에서 경쟁하기에 충분한 역량을 갖추고 있습니다. 그럼에도 선진국에 비해 스마트 헬스케어 산업의 발전이 더딘 것은 일단 정부의 규제 탓이 큽니다. 예를 들어, 웨어러블 기기나 모바일 헬스케어 같은 건강진단 기기들은 단순한 진단 기기일 뿐입니다. 하지만 「의료법」상으로는 이런 것들이 의료기기로 분류되어 시장의 진입을 막고 있습니다.

사회자 — 잠시만요. 의료기기로 분류되기 때문에 시장 진입을 막는다는 말씀은 어떤 뜻인지요?

권혁순 — 네, 「의료법」[5]에 의해 의료기기로 구분되면 식품의약품안전처의 허가 절차를 밟아야 합니다. 하지만 우리나라 의료기기 허가 절차는 통상 1~2년 이상이 걸리는데 이것은 스마트 헬스케어 기기에는 맞지 않습니다. 왜냐하면 스마트 헬스케어 산업은 시장이 급변하는 성질이 있기 때문입니다. 만약 식약처의 허가를 받고 제품을 출시하면 그때는 이미 과거 기술이 되어 버려 시장에 적용이 어렵습니다. 사실 이보다 더 심각한 문제는 원격 의료 부분입니다. 원격 의료야말로 스마트 헬스케어의 꽃이라 할 수 있는데 이를 허용하는「의료법」개정안을 통과시켜 주지 않는 것입니다. 저는 우리나라 스마트 헬스케어 기술이 미국 등 선진국과 비교해 25% 이상 뒤처진 것으로 평가되는 근본적 이유가 이런저런 규제들 때문이라고 생각합니다.

사회자 — 원격 의료는 정말 필요한 사람도 있을 것 같습니다. 특히 지금과 같은 코로나19 사태 때는 더욱 필요하고요. 그런데 왜 정부에서는「의료법」개정안을 통과시켜 주지 않는 것이죠?

권혁순 — 그야 당연히 의사협회의 반대 때문이지요. 최근에 한 대형 병원과 IT기업이 10년간 연구 끝에 당뇨·부정맥 등의 질환자를 대상으로 하는 원격 의료 서비스를 개발했습니다. 그런데 원격 의료 서비스 자체가 금지돼 있기에 활용도 못한 채 끝나 버리고 말았습니다. 상황이 이런데 누가 스마트 헬스케어에 투자를 하려고 하겠습니까. 이 때문에 대부분 병원의 헬스케어센터는 정부의 사업을 받아 연구하는 수준에 머물러 있는 상황입니다.

최고수 — 그 부분에 대해서는 의사의 한 사람으로서 제가 변명이라도 해야 할 것 같습니다. 의사 입장에서 원격 의료를 반대하는 가장 큰 이유는 안전성 때문입니다. 현재의 기술 수준에서 원격 진료만으로 환자의 상태를 정확히 진단하는 것은 어렵습니다. 혈압, 혈당, 가벼운 질병 정도는 가능하지만 상위 질병들은 처방 후 증상이 악화되거나 합병증이 생겼을 때 정확한 포착이 어렵습니다. 만약에라도 의료 사고가 생기면 결국 의사가 책임질 수밖에 없는데 의사 입장에서는 불완전한 기술 상태에서 모험을 할 수는 없는 것입니다.

권혁순 —— 대부분의 의사가 그런 이유를 대던데 이것은 정말 변명이라고 생각합니다. 좀 전에 혈압, 혈당, 가벼운 질병 정도는 가능하다고 하셨는데 그것부터 시작하면 되는 것입니다. 그보다 더 심한 질병은 지금처럼 오프라인 진료를 하면 되는 것이고요. 그런데도 유독 우리나라 의사들만 원격 진료 자체를 반대하는 이유를 모르겠습니다. 일본 정부도 최근 비용 부담을 정부가 떠안으면서까지 원격 의료 서비스를 전 국민에게 무료로 제공하겠다고 발표했습니다. 중국, 영국도 시행하겠다고 했고요. 그런데 유독 우리나라 의사들만 반대하고 있는 것입니다.

최고수 —— 그것은 역으로 우리나라 의료 기술 수준이 높기 때문이라고 생각해 주셨으면 합니다. 최대한 오진을 줄이기 위함이죠. 저희가 원격 진료를 반대하는 이유는 바로 여기에 있습니다. 아직 우리나라 원격 진료 시스템 기술이 정확한 의료 진단을 하기에는 부족하다고 보기 때문입니다. 불완전한 원격 진료 시스템에서 당연히 오진이 나올 확률이 높을 수밖에 없고 그때 책임은 고스란히 의사 자신에게로 돌아오니 어쩔 수 없이 반대하는 것입니다.

스마트 헬스케어 산업의 미래는 어떠한가

사회자 — 원격 진료에 대해 소비자와 의사들의 입장이 첨예하게 대립하고 있다는 느낌입니다. 이제 마지막 주제를 다뤘으면 합니다. 결국 정부의 규제, 의사협회와의 대립과 연관돼 있을 수밖에 없을 텐데요. 스마트 헬스케어 산업의 미래는 어떻게 될지에 대해서 다뤄 보도록 하겠습니다. 이번에도 권 소장님부터 말씀해 주시죠.

권혁순 — 네, 그럼에도 결국 의료 서비스 산업의 방향은 스마트 헬스케어 쪽으로 갈 것이라 봅니다. 세계적 추세가 그러하니까요. 이해를 돕기 위해 제가 자료를 가지고 나왔습니다. 이것이 스마트 헬스케어가 추구하는 가장 스마트한 의료 서비스 시스템입니다.

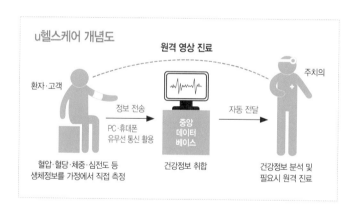

그리고 다음은 롤랜드버거가 파악한 부문별 세계 스마트 헬스케어 시장 전망입니다.

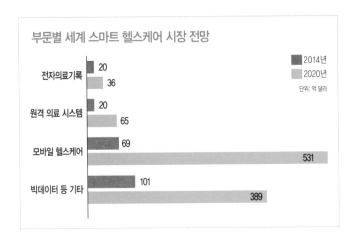

부문별 세계 스마트 헬스케어 시장 전망

■ 2014년
■ 2020년
단위: 억 달러

전자의료기록 20 / 36

원격 의료 시스템 20 / 65

모바일 헬스케어 69 / 531

빅데이터 등 기타 101 / 389

무엇보다 현재 추진되고 있는 세계 스마트 헬스케어 산업 현황을 보면 아마도 깜짝 놀랄 것입니다. 중국의 알라바마는 의약품 사이트와 결제 시스템을 도입하여 온라인 진료 및 처방을 시행하고 있습니다. 아마존에서는 온라인으로 처방전을 조제한 약품 판매 시스템을 구축했습니다. 애플은 모바일 플랫폼을 통해 사용자의 건강 상태를 확인하는 서비스를 출시했습니다. IBM에서는 당뇨 환자 관리 플랫폼을 개발했습니다. 이처럼 세계의 스마트 헬스케어 기술을 발빠르게 발전을 거듭하고 있습니다. 따라서 머지않은 미래에 우리가 꿈꾸는 스마트 헬스케어 기술이 실현되리라 보고 있습니다.

최고수 —— 이번 코로나19 사태로 선진국이라 하는 나라들의 의료 수준이 드러났는데요. 그런 상태에서 스마트 헬스케어 산업이 안정 수준까지 갈 수 있을지는 여전히 미지수입니다. 다시 한번 말씀드리지만 스마트 헬스케어 산업이 본격적 궤도에 들어서기 위해서는 정확한 진단 기술이 핵심입니다. 적어도 스마트 헬스케어 기술로 현재 의료 진단 수준에 버금가는 진단이 이루어져야 비로소 실현될 수 있다고 생각합니다. 그것은 단지 IT 기술을 접목한다고 해서 쉽게 이루어지는 기술이 아닙니다. 따라서 저는 여전히 스마트 헬스케어 산업의 미래를 불투명하게 보고 있습니다. 정말로 스마트 헬스케어 산업에 가능성이 있다면 왜 정부에서 규제로 막고 있겠습니까. 빨리 풀어서 스마트 헬스케어 산업을 활성화시켜야죠.

권혁순 ── 그것은 스마트 헬스케어의 목표가 치료보다 예방에 있기 때문이라고 생각합니다. 치료는 당장 눈에 보이지만 예방은 좋아지는지 아닌지 당장은 잘 보이지 않기 때문입니다. 그러니 섣부르게 나서지 못하는 부분도 있다고 생각됩니다.

최고수 ── 저도 예방 차원에서의 스마트 헬스케어 기술은 높이 평가합니다. 따라서 예방 차원의 스마트 헬스케어 기술과 치료 차원의 기존 의료 시스템을 융합하기보다 따로 구분해 사업을 추진하는 것도 한 방법이라고 생각합니다.

마무리 발언

사회자 ── 아쉽게도 시간이 거의 다 되었습니다. 두 분의 열띤 토론 감사하고요. 예방 차원의 스마트 헬스케어 기술을 높이 평가한다는 최 박사님 말씀이 그나마 오늘 토론의 접점으로 보입니다. 짧게 마무리 발언 부탁드립니다.

권혁순 — 서로 격론을 벌였지만 오늘 최 박사님께 배운 점도 있었던 것 같습니다. 스마트 헬스케어 기술에서 가장 핵심적인 것은 진단의 정확도라는 말씀은 스마트 헬스케어 기술 개발에 종사하는 모든 분이 새겨들어야 하겠다는 생각을 했습니다. 막연한 꿈은 상상으로 끝날 수도 있으니까요. 그런 점에서 오늘 유익한 토론이었습니다.

최고수 — 칭찬해 주시니 감사합니다. 저도 그동안은 스마트 헬스케어가 헛된 꿈처럼 보여 무작정 반대했었는데 권 소장님의 말씀을 듣고 보니 유익한 부분도 있다는 생각이 들었습니다. 그동안 의학에서 놓친 것이 예방의학입니다. 이에 기존 의료계의 모든 종사자가 반성하고 앞으로 개선을 위해 함께 노력해야 한다고 생각합니다.

사회자 — 하하, 논쟁 끝에 유종의 미를 거두는 것 같아 의미 있는 토론이 되었습니다. 그럼 끝까지 지켜봐 주셔서 감사하고요. 다음 시간에는 4차 산업혁명 토론의 마지막 주제인 스마트 물류에 대해 토론이 진행될 예정이오니 많은 관심 가져 주시기 바라며 오늘 토론 마치도록 하겠습니다.

웨어러블 헬스케어 제품들

웨어러블 헬스케어 제품들이 인기입니다. 웨어러블 헬스케어는 몸에 부착할 수 있는 스마트 건강 기기를 말합니다. 인기 있는 웨어러블 헬스케어 제품 몇 가지를 소개합니다.

가장 인기 있는 제품은 역시 스마트 워치입니다. 시계처럼 손목에 차고 다니면 건강 앱에서 내 몸의 심박수, 심전도, 칼로리 소모량, 운동량 등을 측정해 줍니다.

잠을 잘 때 눈에 쓰고 자는 스마트 안대도 있습니다. 스마트 안대는 광선요법을 통하여 자고 있는 동안 뇌파, 체온, 심박수 등을 모니터링하여 숙면을 도와줍니다.

올리브헬스케어에서 출시한 '벨로'는 복부지방 측정기입니다. 기기를 복부에 대면 몇 초 만에 지방을 측정하여 그 결과를 알려 줍니다.

참케어에서 출시한 손목밴드형 혈압계는 기존 전자혈압계보다 훨씬 무게가 가벼워 휴대 중에도 쉽게 사용할 수 있습니다.

옴니씨앤에스에서 출시한 옴니핏 마인드케어는 헤드셋 형태로 머리에 쓰면 뇌파와 맥파를 동시에 알려 줍니다. 특히 이 제품은 식약처로부터 인증을 받은 정식 의료기기이기도 합니다.

1. 다음 스마트 헬스케어에 관한 토론 내용을 보고, 각 주장에 관한 근거를 정리해 적어 보세요.

스마트 헬스가 의료의 질을 높일 수 있을까?

	긍정적이다	부정적이다
스마트 헬스케어 기술은 어디까지 와 있는가?	아직은 걸음마 단계지만 곧 실현되는 때가 온다. 근거 :	기술적으로 무리가 있다. 근거 :
스마트 헬스케어 산업의 걸림돌은 무엇인가?	정부의 규제와 의료계의 반대가 문제이다. 근거 :	원격 의료 반대는 정확한 진단을 위해 어쩔 수 없다. 근거 :
스마트 헬스케어 산업의 미래는 어떠한가?	기존 의료 서비스를 대체할 것이다. 근거 :	기술적으로 문제가 있어 불투명하다. 근거 :

2. 스마트 헬스케어에 관한 본인의 입장을 적어 보세요.

◆ 생각 더하기 220쪽을 참고하세요!

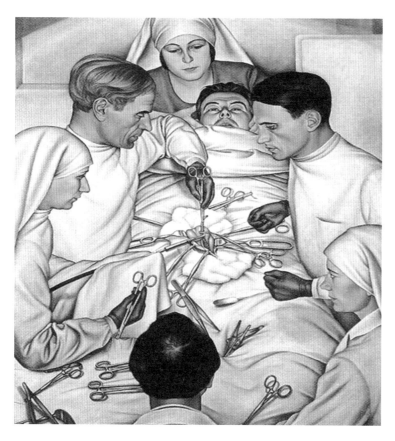

▲ **크리스티안 샤드**(1894~1982년), **〈무마취 맹장 제거 수술〉, 1929년.** 불과 100년도 채 되지 않던 시절에는 맹장 수술을 마취도 하지 않은 채 시행했다. 그때 환자의 고통이 어떠했으리라는 것은 상상에 맡길 수밖에 없다. 그로부터 100여 년이 지난 지금 의료기술은 첨단을 걷고 있으며 이제 스마트 헬스케어 시대를 앞두고 있다.

- 쟁점 8 -

스마트 물류

— 드론이 배달하는 무인 배송시대가 올까

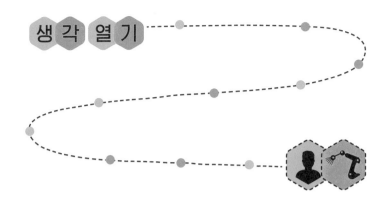

2018년 평창 동계올림픽 개막식에서 인텔의 드론쇼가 세계인의 이목을 끌었습니다. 인텔의 슈팅스타 드론이 만든 작품으로 수많은 드론이 하늘을 날며 올림픽의 상징인 오륜기를 만드는 모습은 가관이었습니다.

드론은 무선으로 조정하는 소형 무인 비행기로 10여 년 전부터 사람들의 관심을 끌기 시작했습니다. 이 드론

▲ 스마트 물류의 핵심 기술 중 하나로 배송용 드론이 떠오르고 있다.

은 최근 스마트 물류의 핵심 기술로 떠오르고 있습니다. 스마트 물류란 기존의 물류 산업에 4차 산업혁명의 핵심 기술들을 융합하여 스마트하게 만들어 낸 유통 물류 시스템을 뜻합니다. 스마트 물류의 핵심 기술 중 하나로 배송용 드론이 급부상하고 있는 것입니다.

드론 배송은 꿈이 아니라 이미 아마존을 비롯한 다양한 세계 물류운송업체들이 이미 일부 적용 중이거나 연구와 사업에 적극적으로 참여 중에 있는 기술입니다.

세계 최대 운송업체인 DHL의 경우 2014년 미국 정부의 허가를 받고 처음으로 무인택배 드론을 이용해 배송을 시작했습니다. 폴란드의 운송회사인 PKP 화물은 철도에서 물품을 감시하는 드론을 시험 사용하여 2015년 상반기에 물품 도난을 44%가량 줄이는 데 성공하기도 했습니다. 중국의 경우도 이미 적재량 1~5톤을 싣고 1,000km를 날 수 있는 드론 개발에 성공했으며 일본의 인터넷 쇼핑몰 업체 라쿠텐도 소형 드론 및 지상 운송 로봇을 도입하기로 결정했습니다.

이 외에도 오스트레일리아, 싱가포르, 스위스, 프랑스 등의 우편운영업체들이 우편배달에 드론을 사용하고 있으며, 세계적 기업들인 아마존, 구글, 페이스북 등도 드론 기술의 상용화를 앞두고 있는 상황입니다. 드론은 이처럼 스마트 물류 시대의 핵심 산업으로 떠오르고 있습니다.

하지만 드론 배송이 기술적으로 해결해야 할 문제들도 여전히 남아 있습니다. 현재 시행·적용되고 있는 배송용 드론이 날 수 있는 시간은 거의 30분 이내로 기존의 트럭 배송보다 제한이 많습니다. 이것은 드론에 물품을 실어야 하기 때문인데 그 무게로 인하여 짧은 시간밖에 날 수 없는 것입니다. 이와 관련하여 드론 배송이 실을 수 있는 물품도 트럭 배송보다 훨씬 적습니다.

드론 배송은 이처럼 운송 거리가 짧기 때문에 중간중간 창고가 있어야 합니다. 결국 인건비 절감을 위해 드론 배송을 하는 것인데 창고가 훨씬 많아져야 하기 때문에 오히려 비효율적일 수 있습니다. 드론은 트럭보다 운송 거리가 짧고 배송할 수 있는 물건의 무게도 훨씬 제한적이기 때문입니다.

드론 배송의 문제는 여기서 그치지 않습니다. 배송 지점까지는 성공적으로 왔다 치더라도 어떻게 물품을 소비자에게 전달할지가 문제로 남습니다. 초기에는 공중에서 집 마당에 떨어뜨리거나 도르래를 사용하는 방식을 썼으나 아파트가 많은 우리나라에는 적용하기 힘든 방식입니다.

또 드론 배송의 경우 돌발 상황에 대처하는 기술도 개발되어야 합니다. 소형이기 때문에 갑자기 지나가는 새떼에도 충격을 받을 수 있습니다. 또한 한국의 도시에는 공중에 수많은 전선이 설치돼 있어 돌발 상황에 대한 위험이 더 크다 할 수 있겠습니다.

이 외에도 현재 공중을 나는 비행체에 대해서는 「항공법」[1]의 적용을 받아야 하는데 「항공법」에 의하면 드론 배송은 시행 자체가 불가능한 상황입니다.

항공법: 국제 민간 항공 조약의 규정과 그에 딸린 표준과 방식에 따라 항공기 항행의 안전을 도모하고 항공 운송 사업의 질서를 확립하여 항공의 발달을 꾀하기 위한 법률

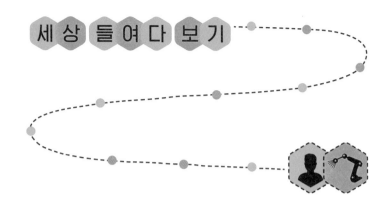

현재 드론 기술의 발전 속도는 매우 가파르게 상승하고 있습니다. 게다가 정부 역시 스마트 물류 산업에 대한 지원책으로 드론 배송에 대한 규제를 완화하고 있어 향후 몇 년 내에 드론이 고객의 집 앞까지 소포를 실제로 배송하는 일을 보는 날이 올 수도 있습니다.

물론 현재 드론 배송은 아직 시험 단계이거나 그나마 안전하게 드론 배송이 가능한 농촌 지역에서만 시행되고 있는 상황입니다.

세계적 기업들이 앞다투어 드론 배송 기술 개발에 뛰어드는 까닭은 드론 배송의 장점이 매우 많기 때문입니다.

요즘 배송에서 가장 핫한 기술이 라스트마일입니다. 라스트마일이란 소비자에게 배송을 안전하게 완료하는 기술입니다. 여기에 최적화된 것이 바로 드론 배송입니다. 왜냐하면 배송품의 최종 목적지는 소비자의 손이어야 하는데 대개는 집인 경우가 많습니다. 그런데 만약 소비자가 집에 없고 출타 중이라면 대개 관리실이나 문 앞에 놓고 가게 되는데 이건 라스트마일이 안전하게 완료된 시점이라 할 수 없습니다. 하지만 드론 배송은 인공지능과 사물인터넷 기술을 이용하여 소비자의 위치를 정확하게 알아내고 라스트마일을 완료할 수 있습니다. 드론 배송에서 마지막으로 소비자에게 물품을 전달하는 방식에 문제가 있을 수 있는데 이 역시 지역적으로 스마트 택배보관함을 설치함으로써 해결할 수 있습니다.

또 드론 배송은 물류창고 내에서 더욱 위력을 발휘할 수 있습니다. 지금은 재고 파악을 위해 사람이 일일이 물건들을 쫓아다니는 방법을 사용하는데 드론을 이용하면 간단히 해낼 수 있습니다. 드론은 또한 감시 장치로도 훌륭히 활용할 수 있습니다. 공중을 날 수 있으니 고정된 카메라가 접근할 수 없는 장소까지도 감시가 가능한 것이죠. 특히 고객들의 귀중한 화물을 감시하는 데 드론보다 나은 게 없습니다. 또한 직원들의 감시에도 활용될 수 있는데 부정적 감시가 아니라 직원들의 안전을 위한 감시에 드론이 이용되는 것입니다.

한편, 드론 배송은 상대적으로 트럭 배송이 가기 힘든 산악 지대나 바다 지역에서 유리하게 배송할 수 있다는 장점도 있습니다.

드론 배송 기술에는 4차 산업혁명의 핵심 기술들인 사물인터넷, 블록체인, 인공지능 등이 총망라되어 있습니다. 사물인터넷 기술을 이용하여 소비자와 정보를 주고받을 수 있는데, 무엇보다 중요한 것이 소비자의 정보 보호입니다. 이때 블록체인 기술로 커버할 수 있습니다. 블록체인 기술을 물류 서비스에 도입할 경우 안전한 유통망을 최적화할 수 있을 뿐 아니라 물류에 대한 신용조회도 가능하게 해 주어 재무 리스크를 완화시킬 수도 있습니다.

플랫폼: 기술을 적용할 수 있는 환경을 말한다.

또한 드론 배송 기술에 인공지능 플랫폼[2]을 적용하면 인간이 판단해야 할 일들을 드론이 판단하게 되므로 사람과 상품, 장소 간 경계를 허물어 유통의 효율성을 높일 수 있습니다. 이로 인해 비용 절감의 효과도 있습니다.

▲ 이미 섬과 같은 오지에는 최적화된 드론 택배가 우편물을 배달하고 있는 곳이 많다. 배달부가 가는 것보다 훨씬 편리하고 효율적이기 때문이다.

© 우정사업본부

무엇보다 드론 배송의 장점은 트럭 배송보다 환경친화적이라는 데 있습니다. 실제 로렌스 리버모어 국립연구소Lawrence Livermore National laboratory의 환경 과학자 조슈아 스톨라로프 연구팀이 조사한 결과, 1kg 이하의 작은 물품을 배송할 경우 드론이 트럭보다 온실가스 배출량이 적은 것으로 밝혀졌습니다. 물론 8kg 이상의 물품에서는 다른 결과가 나왔는데 이는 기술적으로 해결해야 할 문제입니다. 드론이 트럭보다 환경친화적인 이유는 드론이 배터리를 동력으로 사용하는 반면, 트럭은 온실가스 배출량이 많은 디젤을 연료로 사용하기 때문입니다.

최근 코로나19로 과로에 지친 새벽배송기사가 숨지는 사건이 있었다. 이 때문에 새벽배송에 대한 윤리적 문제가 도마 위에 오르기도 했다. 온라인 배송은 주문 다음 날 배송에서 주문 다음 날 새벽배송으로 날로 진화하고 있다. 배송업계에서 가장 중요한 것은 역시 신속 정확성일 것이다. 심지어 전날 밤 늦게 주문한 물품이 바로 그다음 새벽에 오는 시대를 맞고 있다. 어떻게 이런 일이 가능할까? 그 이면에 우리도 모르는 사이 물류업계의 진화가 있었기에 가능했다. 바로 스마트 물류의 등장이다.

스마트 물류는 기존의 아날로그 물류에 최첨단 4차 산업혁명 기술들을 덧입혔다. 무인운반차와 무인지게차가 물건을 나르고 자동적재로봇이 물건을 쌓고 내린다. 이렇게 준비된 물품을 소비자의 손에 배송하는 과정에서도 드론이나 무인 배송 로봇이 이용된다. 물류의 전 과정에서 사람의 손길이 거의 필요 없는 시대로 가고 있는 것이다.

물론 무인 배송의 경우 아직 시험단계이거나 초보단계이다. 그러나 물류창고 내 자동화 작업이 이뤄졌던 것처럼 배송 단계에서도 무인 배송이 이뤄질 날이 얼마 남지 않았다. 그 무인 배송의 중심에 배송용 드론이 있다. 만약 드론 배송이 이뤄진다면 기존의 배송 트럭과 기사가 필요 없어지게 된다. 이로 인한 물류비의 절감은 기대 이상일 수 있다.

하지만 반대 의견도 만만치 않다. 무인 배송이 이뤄지기 위해서는 배송용 드론의 기술 개발이 더 이뤄져야 한다. 현재는 무게가 작은 물품 위주로 단시간 내 배송만 가능하다. 또한 드론 자체가 하늘을 나는 비행체이기에 소비자의 손에 어떻게 안전하게 전달할지 기술 개발도 시급하다. 무엇보다 「항공법」상의 규제 역시 풀어야 할 숙제이다. 이에 공중파 KBC 방송의 '99분 토론'에서는 긴급 편성 토론을 열게 되었다.

사회자 ── 안녕하세요. KBC 방송 '99분 토론'입니다. 오늘은 4차 산업 혁명 시리즈 마지막 분야인 드론 무인 배송에 대해 토론을 펼치도록 하겠습니다. 과연 드론 무인 배송은 가능한 것일까요? 이에 대해 긍정적 입장을 가지신 미래4차산업혁명연구소 신혁문 소장님과 부정적 입장을 가지신 한국대 인공지능융합학과 최고식 교수님을 모시고 토론을 진행하도록 하겠습니다. 두 분은 처음 개괄적인 4차 산업 혁명 토론 때 나와 주셨던 분들인데 오늘 마지막을 함께 장식하게 되네요. 먼저, 두 분의 입장을 들어 보도록 하겠습니다.

물류와 유통: 유통이 큰 개념
이라면 물류는 유통에 포함
되는 개념이다. 유통은 생산
자로부터 상품을 값싸게 구
입하여 운반하고 최종 소비
자에게 판매하는 전체적인
과정이며, 이때 운반에 해당
되는 과정이 물류이다. 따라
서 물류에는 물류창고 관리
가 필수로 동반된다.

신혁문 ── 네, 반갑습니다. 지금까지 물류창고는 단순히 화물을 쌓아
두는 기능만 하고 있었습니다. 하지만 우리가 구입하는 상품 가격
에 물류비가 포함돼 있다는 사실을 인식한 기업들은 최대한 물류[3]
비를 줄이는 연구들을 해 왔습니다. 상품의 소비자 가격 중 물류비
가 차지하는 비율이 낮을수록 상품의 가격은 낮아질 수 있습니다.
선진국의 경우 물류비가 10% 이하인 반면, 중후진국은 10%를 훨
씬 넘어갑니다. 이 물류비를 줄이고자 하는 연구의 결정체가 바로
스마트 물류인 것입니다. 물류의 중요성은 전자상거래의 확산에 따
른 것으로 과거에는 도소매상에게만 운반하면 되었으나 지금은 각
소비자에게 직접 운반하는 시대를 맞이하면서 스마트 물류까지 발
전하게 된 것입니다. 이 스마트 물류는 기존 물류에 첨단 IT 기술을
접목하여 물류창고 작업부터 배송까지 전 과정의 자동화, 무인화를
추진하고 있습니다. 그 가운데 등장한 것이 드론 배송인 것이고요.
이미 물류창고의 대부분 과정은 무인화, 자동화가 이뤄진 상태이나
배송 부분의 무인화는 계속 추진되고 있는 상황입니다. 이 부분이
이뤄져야 비로소 스마트 물류가 완성되는 것이고요. 그런데 배송용
드론 기술은 지금까지 99분 토론에서 다뤘던 4차 산업혁명의 핵심
기술들인 인공지능, 블록체인, 사물인터넷 등의 기술들을 모두 융
합하여 이뤄 낸 결정체이기에 이 기술들의 발전과 함께 그 어느 때
보다 발 빠르게 이뤄지리라 보고 있습니다.

최고식 ── 서두 말씀을 좀 길게 해 주신 것 같습니다. 저는 서두는 좀
짧게 하도록 하겠습니다. 오늘 주제가 스마트 물류 중 드론 등 무인

배송에 한정돼 있기에 이 기술이 우리나라에 적용되기 위해서는 배송용 드론 기술의 향상, 「항공법」의 개선 등 많은 문제가 산적해 있음을 먼저 말씀드립니다. 더욱이 우리나라처럼 좁게 다닥다닥 붙어 있는 아파트 위주의 도시에 과연 드론 배송이 어느 정도의 역할을 할지도 의문입니다. 즉, 드론 배송 기술만으로 현재의 유인 배송을 대신하는 것은 거의 불가능하다는 생각을 갖고 있습니다. 대신 드론 기술을 크게 욕심내지 말고 부분적 배송에 이용한다면 그것은 괜찮은 효과를 거둘 수도 있다는 생각입니다.

주제 1
드론 택배 기술은 어디까지 와 있는가

사회자 —— 두 분의 서두 말씀 잘 들었습니다. 먼저, 배송용 드론 기술을 포함한 무인 배송 기술 수준이 지금 어디까지 와 있는지 궁금합니다. 사실 우리나라에서는 아직 배송용 드론을 별로 본 적이 없는 것 같아서요. 신 소장님부터 말씀해 주시죠.

신혁문 —— 배송용 드론을 드론 택배라고도 하니 드론 택배라는 용어를 사용하도록 하겠습니다. 드론 택배의 정의는 고객이 주문한 물건을 드론이 배달하는 서비스라 할 수 있겠습니다. 현재는 유인 트럭 배달로 택배 서비스가 이뤄지는 반면, 스마트 물류 시대에는 무인 드론 택배 시대로 바뀜을 뜻하는 것입니다. 우리나라는 2025년 드론 택배 상용화를 목표로 시범연구 단계에 있습니다. 이와 관련하여 정부가 드론의 규제와 관련된 '규제 혁파 로드맵'[4]을 내놓은 상태이고요. 세계로 눈을 돌려 보면 아마존[5]이 드론 택배를 이용한 시험 배달에 성공한 장면을 전 세계에 유튜브 https://youtu.be/ynr3-lnM9hg로 알렸습니다. 이 장면을 보면 드론이 소포를 비행기처럼 안전하게 집 마당까지 사뿐히 내려놓는 데 성공하는 모습을 볼 수 있습니다. 이때 아마존은 2020년경에는 드론 택배가 상용화될 것이라 예고한 바 있습니다. 코로나19 사태로 한참 시끄럽던 2020년 초에는 의약품 배송을 상용화하는 드론을 소개하기도 했습니다. 아마존의 경우 드론 택배의 꿈이 거의 눈앞에 와 있다고 할 수 있는 것이지요. 그리고 후발주자들이 이에 참여하게 되면 드론 택배 기술은 거의 완성 단계에 이를 수 있다고 생각합니다. 그런 점에서 드론 택배 기술은 현실에 매우 가까이 와 있다고 볼 수 있겠습니다.

최고식 —— 드론 택배 이야기를 하기 전에 일단 지금 택배 현장의 현실에 대해 먼저 이해하고 드론 택배 이야기를 하는 게 좋겠다는 생각입니다. 우리나라 최대의 온라인 쇼핑몰 배달업체인 쿠팡의 하루 배달건수가 얼마인지 아십니까? 대략 200만 건 정도라 합니다. 그것도 코로나19로 온라인 배달이 늘어나면서 300만 건으로 증가했다고 합니다. 그런데 우리나라에 배달업체가 쿠팡 하나만 있나요. 온라인 쇼핑몰 배달업체는 물론이고 최근 배달앱 바람으로 음식 배달업체도 굉장히 많습니다. 모든 업체가 하루 배달하는 건수를 다 합한다면 어쩌면 하루 천만 건을 넘을지도 모릅니다. 이제 다시 드론 택배로 돌아와 보겠습니다. 드론 택배의 경우 기존 트럭 택배에 비해

아마존: 제프 베이조스가 1994년 미국에서 설립한 세계 최대 규모의 인터넷 전자상거래 업체이다.

규모의 문제가 있습니다. 기존 트럭 택배의 경우 한 트럭이 적어도 100건 이상을 처리합니다. 하지만 드론의 경우 한 대당 10건도 쉽지 않을 것입니다. 아직은 소형에 머물고 있기 때문입니다. 만약 이론상 드론으로 기존의 택배를 대신해야 한다면 도대체 몇 대의 드론이 필요한 것입니까. 우선 이 문제부터 짚고요. 그런데 이것도 드론 택배가 상용화되었을 때 논의될 문제일 것입니다. 저는 드론 택배의 상용화를 이야기한 아마존을 의심할 수밖에 없습니다. 아마존은 드론 택배 쇼를 하면서 수개월 내에 드론 택배가 상용화될 것이라 말했습니다. 그로부터 수개월은커녕 1년이 다 되어 가는데도 상용화는 되지 않고 있습니다. 우리나라 역시 2025년까지 드론 택배 상용화를 목표로 연구하고 있다 했는데 제가 보기에 쉽지 않아 보입니다.

신혁문 —— 하하, 우리 최 교수님은 매우 논리적이신 것 같습니다. 학자로서는 좋은 태도라고 생각합니다. 하지만 그것은 학문에 있을 때 이야기지 현실로 나왔을 때는 논리로만 해결되지 않는 문제들이 하나둘이 아닙니다. 물론 최 교수님이 생각하시는 그런 문제들이 해결되지 않으면 드론 택배가 기존의 택배를 대신하는 일은 불가능합니다. 하지만 그건 기존 기술로만 봤을 때의 이야기입니다. 기술 발전 곡선은 정비례로 일어나지 않습니다. S자 곡선이에요. 더디게 발전한다 싶다가도 어느 날 뭔가 하나가 튀어나와 훅 발전하게 되는 것입니다. 저는 드론 택배 역시 마찬가지 과정을 겪게 될 것이라고 생각합니다. 아까 택배 건수에 대한 규모의 문제를 이야기하셨는데 만약 드론 기술이 발전하여 드론 한 대당 가격이 매우 낮아진다면 저는 그 문제도 얼마든지 뛰어넘을 수 있다고 생각합니다. 과거 아마존에서 미래형 드론 택배 모델로 물품을 가득 실은 커다란 비행선이 한 동네에 도착하면 비행선에서 수많은 드론이 나와 한꺼번에 그 동네 물품을 다 돌리는 시스템을 제시한 적이 있었습니다. 저는 그 모델이 현실화된다면 얼마든지 규모의 문제도 해결할 수 있을뿐더러 기존 택배 시스템보다 훨씬 효율적으로 택배 문화도 바꿀 것이라 보고 있습니다. 아마존의 비행선 드론 택배 모델을 참고로 보여 드립니다.

▲ 출처: https://www.youtube.com/watch?v=aVb_WeJDaGs

최고식 —— 아마존이 그 계획을 내놓았을 때가 2017년경이었던 걸로 기억합니다. 그때 아마존은 단지 일러스트로 그 계획을 보여 줬을 뿐 그 기술을 현실화하여 시범으로 보여 준 것도 아니었습니다. 저도 그 아이디어는 존중합니다만, 그것이 현실화되기에는 너무 많은 난관이 있습니다. 그래서 아마존은 지금도 그 꿈을 이루지 못하고 있는 것입니다.

드론 택배 기술의 문제점은 무엇인가

사회자 — 두 분의 주장이 한 치의 양보도 없이 치열하군요. 제 생각에 아마존이 그 기술을 이뤄 낼 수도 있는 것이니까 조금 깎아내리는 듯한 발언은 피해 주시기 바랍니다. 두 분의 이야기를 듣다 보니 이쯤에서 드론 택배 기술의 문제점에 대해 이야기를 했으면 합니다. 도대체 드론 택배에 어떤 문제가 있기에 부정적 의견을 갖고 있는 것인지 최 교수님부터 말씀해 주십시오.

최고식 — 아마존을 깎아내릴 생각은 전혀 없었고 드론 택배 기술의 현실을 이야기하다 보니 그랬던 건데 그렇게 들렸다면 사과드리겠습니다. 당장 드론 택배 기술이 가진 가장 큰 문제점은 드론의 특성과 관계 있습니다. 즉, 드론은 태생적으로 비행체이지만 작을 수밖에 없기에 택배 배송에 한계를 가지고 있습니다. 즉, 자기 몸체보다 무거운 물품은 드론 배송에 적합하지 않은 것입니다. 이 때문에 2016년 당시 아마존이 드론 택배 시범 운영을 할 때 가벼운 팝콘과 TV 스트리밍 기기 등만 드론으로 배송한 적이 있습니다. 결국드론은 무거운 물품의 배송에는 치명적 한계를 가지고 있는 것입니다. 이 때문에 당시 아마존은 2.5kg 미만의 물품에 한해서만 드론택배에 적용할 계획이라 말하기도 했습니다.

신혁문 — 저도 그 장면을 봤었는데요. 당시 아마존의 드론 택배는 13분 만에 소비자에게 물품을 전달하는 모습을 보여 줬습니다. 그게 2016년 이야기입니다. 지금 드론 택배는 더 무거운 물품도 배송할 수 있는 기술에 도전하고 있습니다.

최고식 ── 드론 택배의 기술적 문제는 또 있습니다. 2016년 시범 운영 당시 아마존은 드론 택배 시범 운영을 자국인 미국에서 하지 못하고 영국에서 실시했습니다. 왜 그랬을까요? 당시 미국에서는 드론 사용이 엄격히 제한돼 있어 그나마 규제가 덜 까다로운 영국에서 할 수밖에 없었던 것입니다. 미국뿐 아니라 대부분의 나라에서 드론을 규제하고 있는데 그 이유는 조용한 동네에 갑자기 드론이 날아다니며 사생활을 침해할 수 있고 또 보안 문제도 발생할수 있기 때문입니다. 무엇보다 갑작스러운 드론의 등장은 항공 교통통제에 위협을 줄 수도 있는 상황입니다. 그래서 각국에서는 드론을 규제할 수밖에 없으며 엄격한 통제하에서만 운행하도록 하고 있습니다.

신혁문 ── 그 말씀도 이해합니다만, 현재 각국은 드론 산업의 전망을 알아채고 하나둘 규제를 푸는 방향으로 가고 있습니다. 미국 역시 미국 연방항공청Federal Aviation Administration, FAA에서 상업용 드론 비행 규제에 대해 상당 부분을 완화하기로 결정하기도 했습니다. 우리나라 역시 앞에서도 이야기했듯 드론의 규제와 관련된 '규제 혁파 로드맵'을 내놓은 상태입니다.

최고식 ── 또 하나 지적할 부분은 드론 택배의 환경오염 문제입니다.

신혁문 ── 아니, 드론은 트럭보다 환경오염 물질을 덜 배출한다는 사실을 모르십니까?

최고식 — 그게 그렇지 않습니다. 드론이 배터리를 동력으로 사용하니 당장은 환경오염과 상관 없다 생각할 수 있는데 사실 단위 사용량으로 비교했을 때 트럭보다 환경오염 물질을 더 많이 배출한다는 통계도 있습니다. 미국의 캘리포니아에서 실시한 실험에서는 드론 배송이 트럭 배송보다 온실가스 배출량이 9% 적게 나왔습니다. 하지만 미주리에서 실시한 실험에서는 드론 배송의 온실가스 배출량이 50% 많다는 결과가 나오기도 했습니다. 이는 드론의 기술 여하에 따라 아직 환경오염 문제가 해결되지 않았음을 뜻합니다. 실제 드론이 무거운 물품을 실었을 때 환경오염 물질 배출량은 트럭의 그것과 별반 다르지 않게 나온 결과도 있습니다.

주제 3

완전 무인 배송의 꿈은 이뤄질까

사회자 — 하하, 두 분의 토론 열기가 저한테까지 전해지는 것 같습니다. 그 사이 시간이 훅 지나가 버렸네요. 이제 마지막 주제에 대해 이야기해야 할 것 같습니다. 그렇다면 완전 무인 배송의 꿈은 이뤄질까 하는 부분입니다. 이미 최 교수님께서는 부정적 입장을 이야기하셨으니 신 소장님이 그 타당성에 대해 이야기해 주셨으면 합니다.

신혁문 — 지금까지 최 교수님이 이야기해 주신 드론 택배의 기술적 문제, 규제적 문제들은 분명히 존재하며 저도 그것을 인정하는 바입니다. 완전 무인 배송을 이야기하시니 저도 그것은 가까운 미래에

자율주행로봇: 자율주행차에
물품을 실어 배송하는 기능
을 가진 로봇을 말한다.

이뤄지기는 힘들다고 봅니다. 그러나 언젠가는 분명히 이뤄지리라
보고요. 대신 대안으로 무인 택배 기술에 자율주행로봇[6]도 있음을
알아주셨으면 합니다. 만약 가벼운 물품은 드론이 처리하고 무거운
물품은 자율주행로봇이 처리한다면 조만간에 무인 택배 시대가 열
리지 않을까 생각해 봅니다.

최고식 —— 지금 말씀하신 부분은 저도 좋은 아이디어라 생각합니다.
하지만 그 아이디어가 성공하기 위해서도 여전히 문제는 존재합니
다. 무인 택배가 이뤄진다는 것은 곧 지금의 택배기사가 없어지는
것을 뜻합니다. 지금 택배업에 종사하는 사람의 수가 얼마인지 아
십니까. 최근 통계는 모르겠으나 통계청 2016년 조사에 따르면 무
려 111만 명이나 된다고 합니다. 그 사이 온라인 쇼핑몰이 더 성장
했으니 지금은 이보다 더 늘어났을 것입니다. 이 사람들이 모두 일
자리를 잃게 되는 것입니다. 이건 사회적 문제로까지 번질 수 있는
파괴력을 가지고 있습니다.

신혁문 —— 그 부분은 신기술이 나올 때마다 늘 등장하는 문제였어요.
우려하지 않아도 되는 것은 옛날 그 많은 버스 안내양이 없어졌지
만 지금 일자리 수는 그때보다 훨씬 더 많아졌다는 것입니다. 신기
술의 등장과 일자리의 관계를 분석해 보면 일자리 수가 줄어드는
것이 아니라 더 양질의 일자리로 바뀐다는 것을 놓치지 말아야 한
다고 생각합니다.

최고식 —— 그것은 신기술이 성공했을 때 할 수 있는 이야기라고 생각
됩니다. 우리는 그동안 신기술이란 이름으로 등장한 무수한 기술

이 어느 날 소리도 없이 사라지는 것을 너무도 많이 봐 왔습니다. 드론 택배 역시 그렇게 되지 말라는 보장이 없습니다. 따라서 제가 바라는 것은 드론 택배 기술이 기존의 택배 시스템을 완전 바꾼다는 생각으로 접근하기보다 보완하는 쪽으로 접근했으면 하는 것입니다.

마무리 발언

사회자 — 아쉽게도 시간이 거의 다 되었습니다. 마지막에 최 교수님이 내놓으신 절충안은 오늘 토론의 성과란 생각이 듭니다. 아쉽게도 이것으로 무려 8주간 진행된 4차 산업혁명 관련 토론이 대미를 맞게 되네요. 이제 각자 마무리 발언을 한마디씩만 해 주시기 바랍니다.

신혁문 — 이번 KBC 방송의 '99분 토론'을 통하여 많은 분이 4차 산업혁명의 기술들에 대해 알게 된 것은 매우 유익했다는 생각입니다. 이 계기를 통하여 앞으로 우리나라의 4차 산업혁명이 더욱 발전하게 되었으면 하는 바람입니다.

최고식 — 저 역시 이번 토론의 시간들이 매우 유익했습니다. 반대편에 서서 많은 문제점을 지적하는 역할을 했지만 저 역시 우리나라 국민의 한 사람으로서 4차 산업혁명이 발전했으면 하는 마음은 같습니다. 단, 이번 토론에서 제기되었던 문제들을 잘 받아들여 4차 산업혁명이 더 발전하는 마중물[7]이 되었으면 하는 생각입니다.

7
마중물: 펌프질을 할 때 물을 끌어 올리기 위하여 위에서 붓는 물

사회자 — 오늘을 끝으로 특집으로 마련되었던 4차 산업혁명에 관한 토론을 마치도록 하겠습니다. 그동안 끝까지 지켜봐 주신 모든 분께 감사드리며 또 열심히 토론에 임해 주신 분들께도 고마운 마음을 전합니다. 감사합니다.

또 다른 무인 배송, 자율주행로봇!

주제
넓히기

무인 배송 기술에는 드론만 있는 게 아니라 자율배송로봇도 있습니다. 다음에 재밌는 자율주행로봇 몇 가지를 소개합니다.

에스토니아의 스타십테크놀로지스[8]는 '스타십'이라는 자율주행로봇을 선보였습니다. 센서가 탑재돼 있어 스스로 장애물을 피하고 목적지까지 갈 수

▲ 스타십

© Starship Technologies

있습니다. 그런데 생긴 게 아이스박스처럼 작아 마치 장난감처럼 보입니다. 소비자는 앱을 통하여 스타십의 위치를 확인할 수 있으며 뚜껑을 열고 자기 물건을 받을 수 있습니다.

도미노피자에서도 피자 배달용 자율주행로봇인 '드루'를 선보였습니다. 드루 역시 스타십과 비슷한 크기이며 대신 온장고와 냉장고를 가지고 있습니다. 여기에 피자와 콜라를 담아 소비자에게 배송하기 위함입니다. 소비자에게 드루가 도착하면 미리 설정한 비밀번호를 입력해 피자와 콜라를 꺼내 먹을 수 있습니다.

8

스타십테크놀로지스: 스카이프의 공동 창업자인 아티 헤인라와 야누스 프리스가 설립한 기업이다.

마무리
하기

드론이 배달하는
무인 배송시대가 올까

1. 다음 드론 택배에 관한 토론 내용을 보고, 각 주장에 관한 근거를 정리해 적어 보세요.

드론이 배달하는 무인 배송시대가 올까?

	긍정적이다	부정적이다
드론 택배 기술은 어디까지 와 있는가?	지금은 시범 운행 단계이며 조만간 상용화 시대가 온다. 근거 :	여러 가지 문제와 제약이 있어 상용화가 힘들 수도 있다. 근거 :
드론 택배 기술의 문제점은 무엇인가?	기술적·제도적 문제점이 있지만 극복할 수 있다. 근거 :	기술적·제도적 문제가 너무 커 극복하기에는 시간이 걸릴 것이다. 근거 :
완전 무인 배송의 꿈은 이뤄질까?	머지않은 미래에 무인 배송 대중화가 이루어질 것이다. 근거 :	무인 배송 상용화는 쉽지 않을 것이다. 근거 :

2. 드론 택배 기술에 관한 본인의 입장을 적어 보세요.

◆ 생각 더하기 221쪽을 참고하세요!

▲ **이중섭**(1916~1956년), **〈서귀포의 환상〉, 1951년.** 불멸의 화가로 기억되는 이중섭이 제주도에 살 때 그린 그림이다. 그가 죽기 불과 5년 전에 그린 그림이기에 그의 정신세계를 더 유심히 보게 된다. 그림에 소년이 새를 타고 나는 장면이 보인다. 가까운 미래에 다가올 드론도 저 새처럼 따뜻함이 있었으면 좋겠다.

생각 더하기

+ 생각 더하기는 장별 '마무리하기'의 예시 답안입니다.

 쟁점 1 4차 산업혁명 – 4차 산업혁명은 과연 인간에게 이로울까

4차 산업혁명 시대는 이미 와 있거나 온다.
근거: 3D 프린트, 자율주행자동차, 빅데이터 등의 기술이 이미 사용되고 있다.

4차 산업혁명 시대란 말 자체가 무리이다.
근거: 4차 산업혁명 기술들의 한계로 우리 산업을 획기적으로 바꾸기 힘들다.

4차 산업혁명 기술은 긍정적이다.
근거: 지금은 부족하지만 역사적으로 그래 왔듯 기술 완성의 시대가 올 것이다.

4차 산업혁명 기술은 부정적이다.
근거: 중심 기술인 인공지능 기술의 한계 때문에 힘들다.

4차 산업혁명 기술로 직업은 줄어들지 않는다.
근거: 없어지는 직업 수보다 새로 생기는 직업 수가 더 많을 것이다.

4차 산업혁명 기술로 직업은 줄어든다.
근거: 인공지능 로봇이 일을 대신하기에 직업은 줄어들 수밖에 없다.

인공지능 – 인공지능은 인간을 뛰어넘을까

특이점을 넘어 개발되는 시대가 온다.
근거: 인간 능력은 무한하기에 인간 지능에 도달하는 인공지능 시대가 온다.

복잡한 뇌 구조를 따라가는 것은 무리이다.
근거: 인간 뇌 구조는 신의 영역이기에 인간과 같은 인공지능 시대는 불가능
하다.

인공지능은 긍정적인 영향을 미칠 것이다.
근거: 인공지능은 인간의 일을 효과적으로 도우므로 긍정적 영향을 미친다.

인공지능은 부정적인 영향을 미칠 것이다.
근거: 인공지능은 인간의 일을 빼앗으므로 부정적 영향을 미친다.

인공지능으로 없어질 직업에 대처해야 한다.
근거: 인공지능 로봇으로 없어질 직업들이 많이 예상되기 때문이다.

인공지능으로 새로 생겨날 직업이 더 많다.
근거: 인공지능으로 새로 생겨날 직업이 더 많기 때문에 없어질 직업 걱정은
할 필요가 없다.

자율주행차 – 100% 자율주행이 가능할까

현재 레벨 4단계이며 수년 내에 가능하다.

근거: 이미 4단계 시범 운행도 하고 있기에 가능하다.

기술적, 환경적 제약으로 불가능하다.

근거: 인간 정도의 인공지능이 나오지 않는 한 불가능하다.

자율주행차 자체에 책임을 지울 수 없다.

근거: 법적, 윤리적 판단 문제는 자율주행차가 아니라 인간이 해야 하기 때문이다.

자율주행차 및 제조사도 책임을 져야 한다.

근거: 자율주행차의 기술적 문제는 제조사에 책임이 있기 때문이다.

혁명적인 변화를 일으킬 것이다.

근거: 스마트폰이 우리 생활을 바꾼 만큼 도로 위의 변화가 우리 사회 전반의 변화를 일으킬 것이다.

긍정적 변화가 더 크게 일어날지는 두고 볼 일이다.

근거: 자율주행차로 직업을 잃는 등 부정적 영향이 클 것이다.

쟁점 4 **블록체인 – 블록체인 암호화폐는 기존 화폐를
대체할 수 있을까**

당장은 부족하지만 기존 화폐처럼 쓰일 수 있다.
근거: 대중화만 되면 충분히 화폐처럼 쓰일 수 있다.

암호화폐는 화폐라고 할 수 없다.
근거: 주식 같은 투자나 투기의 역할을 하기에 화폐라 할 수 없다.

블록체인과 암호화폐는 상호의존적 관계이다.
근거: 블록체인 기술과 함께하기에 암호화폐의 가치가 있다.

블록체인은 암호화폐로부터 분리할 수 있다.
근거: 블록체인 기술은 화폐보다 여러 보안 기술에 응용할 수 있다.

블록체인 기술의 응용은 매우 넓다.
근거: 블록체인 기술은 암호화폐를 완성시킬 뿐 아니라 여러 업계에 응용될
    수 있다.

블록체인 암호화폐는 사라질 것이다.
근거: 블록체인 기술의 한계를 극복해야 블록체인의 미래가 이어질 것이다.

빅데이터 – 빅데이터는 대통령을 예언할 수 있을까

기존 방법보다 더 맞을 확률이 높다.

근거: 의료 분야, 스포츠 분야 등에서 이미 성과가 입증되고 있다.

오염된 데이터가 있으므로 틀릴 수도 있다.

근거: 빅데이터가 확률적으로 여론조사보다 낮다는 통계가 없다.

윤리적 문제보다 생산성이 더 큰 것에 주목해야 한다.

근거: 개인정보 보호법이 있기에 너무 걱정하지 않아도 된다.

사생활 침해라는 심각한 문제가 있다.

근거: 나의 인터넷 활동이 모두 관련 회사로 넘어간다.

빅데이터 산업에 피해를 주지 않는 범위에서 개인정보 영역을 늘릴 수 있다.

근거: 개인정보를 무조건 제한하면 빅데이터 기술발전이 저해된다.

사생활 보호법을 강화해야 한다.

근거: 개인정보 보호법을 개정하여 사생활 침해보호법까지로 확장시켜야
    한다.

쟁점 6 사물인터넷 – 사물인터넷은 모든 사물을 연결할 수 있을까

현재 상용화된 기술이 많을 정도로 상당한 수준에 와 있다.
근거: 센서, 네트워크 인프라, 서비스 인터페이스 등 사물인터넷 기술이 높은
수준에 도달해 있다.

아직은 대중화되었다고 보기 힘들다.
근거: 대중화되려면 보안기술의 문제가 해결되어야 한다.

보안, 기술적 문제 등이 있지만 극복할 수 있다.
근거: 보안 문제는 블록체인 기술 도입으로 해결할 수 있다.

부품의 소형화 문제가 해결되어야 한다.
근거: 센서 달린 마이크로컴퓨터의 소형화 기술 문제가 해결되어야 한다.

머지않은 미래에 스마트홈은 가능하다.
근거: 사물인터넷 기술이 완성될 것이므로 스마트홈 시대가 온다.

호환성 문제로 스마트홈은 불가능하다.
근거: 기술 표준화와 호환성 문제의 해결 없이는 스마트홈 시대가 오지 않을
것이다.

생각 더하기

스마트 헬스 – 스마트 헬스가 의료의 질을 높일 수 있을까

아직은 걸음마 단계지만 곧 실현되는 때가 온다.

근거: 이미 손목시계형 심전도 측정장치가 개발되는 등 가정 건강관리 시대가 온다.

기술적으로 무리가 있다.

근거: 현재의 의료기술을 대체할 수 있는 기기는 아직 없다.

정부의 규제와 의료계의 반대가 문제이다.

근거: 건강진단 기기를 의료기기로 분류하고 원격 의료를 금지하여 시장 진입을 막고 있다.

원격 의료 반대는 정확한 진단을 위해 어쩔 수 없다.

근거: 의료의 안정성 때문에 원격 의료는 허용할 수 없다.

기존 의료 서비스를 대체할 것이다.

근거: 앞으로 사후처방의 시대에서 사전관리의 시대로 갈 것이기에 미래가 밝다.

기술적으로 문제가 있어 불투명하다.

근거: 현재 의료 진단 수준의 정확한 진단이 이루어지지 않는 한 어둡다.

스마트 물류 – 드론이 배달하는 무인 배송시대가 올까

지금은 시범 운행 단계이며 조만간 상용화 시대가 온다.
근거: 아마존의 경우 드론 택배 기술이 상용화 단계에 가까이 와 있을 정도로
　　　희망적이다.

여러 가지 문제와 제약이 있어 상용화가 힘들 수도 있다.
근거: 드론 택배의 규모적 한계 때문에 상용화는 힘들다.

기술적·제도적 문제점이 있지만 극복할 수 있다.
근거: 각국이 비행 규제를 푸는 방향으로 가고 있다.

기술적·제도적 문제가 너무 커 극복하기에는 시간이 걸릴 것이다.
근거: 비행 규제, 사생활 침해와 보안 문제도 해결해야 한다.

머지않은 미래에 무인 배송 대중화가 이루어질 것이다.
근거: 드론 택배 기술에 자율주행로봇까지 접목하여 무인 배송의 시대가 올
　　　것이다.

무인 배송 상용화는 쉽지 않을 것이다.
근거: 100만 명이 넘는 택배업 종사자의 문제 때문에라도 쉽지 않다.

단숨에 읽을 수 있는, 믿을 수 없을 만큼 흥미진진한 교양서!

누구나 교양 시리즈

세계사,
최대한 쉽게 설명해 드립니다
세계사의 흐름을 머릿속에 저절로 그릴 수 있게 하는
독일의 국민역사책

종교,
최대한 쉽게 설명해 드립니다
문학·역사·철학·과학의 시각으로 들여다보는
세상의 모든 종교
국립중앙도서관 서평전문가 추천도서

전쟁과 평화의 역사,
최대한 쉽게 설명해 드립니다
전쟁의 역사에서 찾아내는 평화의 비밀

윤리,
최대한 쉽게 설명해 드립니다
전 세계 30개 국 100만 청소년들의 윤리 교과서

정치,
최대한 쉽게 설명해 드립니다
자유로운 개인들의 사회적 연대를 위한 정치 교과서

철학,
최대한 쉽게 설명해 드립니다
스스로 생각하는 힘을 키워 주는 철학 교양서

그리스 로마 신화,
최대한 쉽게 설명해 드립니다
그리스 로마 신화의 맥을 잡아 주는
50가지 재미있는 강의

행복의 공식,
최대한 쉽게 설명해 드립니다
전 세계 언론이 격찬한 행복 사용설명서

누구나 인간 시리즈

츠바이크 선집

공부법

한나 아렌트
세계 사랑으로 어둠을 밝힌 정치철학자의 삶
– 한나 아렌트를 처음 만나는 이들을 위한 선물과도 같은 책
국립중앙도서관 사서 추천도서

조제프 푸셰
어느 정치적 인간의 초상
– 최고의 전기 작가 슈테판 츠바이크의 역작

쇼펜하우어
쇼펜하우어와 철학의 격동시대
– 전 세계가 인정하는 쇼펜하우어 대표 전기

광기와 우연의 역사
키케로에서 윌슨까지 세계사를 바꾼 순간들
– 전 세계 50여개 국 출간
   최고의 전기 작가
   슈테판 츠바이크의 대표작

서울대 합격생
엄마표 공부법
서울대 합격생 엄마들의
입시 성공 노하우 전격 공개